O Preço do Consumo

O PREÇO DO

CONSUMO

Textos de
Ivan Jaf escritor
Daniela Palma professora e pesquisadora de Comunicação Social

Ilustrações de
Marcelo Gomes

editora ática

O preço do consumo
© Ivan Jaf e Daniela Palma, 2007

Editora-chefe Claudia Morales
Editora Anna Angotti
Editoras assistentes Maria Elza M. Teixeira e Lavínia Fávero
Redação das notas Daniela Palma
Preparação Lavínia Fávero
Coordenadora de revisão Ivany Picasso Batista
Revisoras Cláudia Cantarin, Carla Bitelli, Thaíse Costa Macêdo e Cátia de Almeida
Estagiárias Carla Bitelli e Thaíse Costa Macêdo

ARTE
Projeto gráfico Victor Burton
Editor Antonio Paulos
Diagramador Claudemir Camargo
Editoração AMj Studio e Vinicius Rossignol Felipe
Pesquisa iconográfica Sílvio Kligin (coord.) e Angelita Cardoso

A Editora Ática agradece a consultoria de Giovanni Alves, professor livre-docente de Sociologia da Universidade Estadual Paulista Júlio de Mesquita Filho (Unesp).

CIP-BRASIL. CATALOGAÇÃO NA FONTE
SINDICATO NACIONAL DOS EDITORES DE LIVROS, RJ.

J22p
2.ed.

Jaf, Ivan, 1957-
   O preço do consumo / textos de Ivan Jaf, Daniela Palma; ilustrações de Marcelo Gomes. - São Paulo : Ática, 2009.
   112p. : il. -(Jovem cidadão)

   Contém suplemento de atividades
   ISBN 978-85-08-12832-7

   1. Consumo (Economia) - Literatura infantojuvenil. 2. Valores - Literatura infantojuvenil. I. Palma, Daniela. II. Gomes, Marcelo. III. Título. IV. Série.

09-6479.
CDD: 028.5
CDU: 087.5

ISBN 978-85-08-12832-7 (aluno)
ISBN 978-85-08-12833-4 (professor)
Cód. da OP: 260986

2025
2ª edição
9ª impressão
Impressão e acabamento: Forma Certa Gráfica Digital

Todos os direitos reservados pela Editora Ática, 2008
Av. Otaviano Alves de Lima, 4400 – CEP 02909-900 – São Paulo, SP
Atendimento ao cliente: 4003-3061 – atendimento@atica.com.br
www.atica.com.br

IMPORTANTE: Ao comprar um livro, você remunera e reconhece o trabalho do autor e o de muitos outros profissionais envolvidos na produção editorial e na comercialização das obras: editores, revisores, diagramadores, ilustradores, gráficos, divulgadores, distribuidores, livreiros, entre outros. Ajude-nos a combater a cópia ilegal! Ela gera desemprego, prejudica a difusão da cultura e encarece os livros que você compra.

Sumário

FICÇÃO

Capítulo 1
Interfone quebrado 6

Capítulo 2
Um elefante no supermercado 13

Capítulo 3
Um *merchandising* explícito 20

TEXTO INFORMATIVO

Nem sempre foi assim 26
"A gente não quer só comida" 29
Margens do consumo 30
Produtos para todos 31
"Liberdade é uma calça velha, azul e desbotada" 31
A cultura das cópias 32
Compras em Tóquio – sem sair de casa 33

  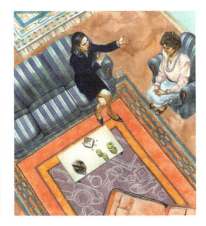

FICÇÃO

Capítulo 4
Vovó vai casar! 34

Capítulo 5
Antigamente era antigamente 40

Capítulo 6
A cada viagem, uma mala 46

FICÇÃO

Capítulo 7
É tudo fachada 60

Capítulo 8
O circo voltou 66

Capítulo 9
Pessoas obsoletas 73

FICÇÃO

Capítulo 10
Cachorros consomem mais que homens 86

Capítulo 11
El truque de la mala 94

TEXTO INFORMATIVO

Nas tramas da publicidade 52
Vai regular? 54
A arte é pop! 54
A tela que virou vitrine 55
A encenação da "realidade" 56
Receita de felicidade 56
Cultura em rede 57
A "alma" do negócio 58
O desafio – Luis Fernando Veríssimo 59

TEXTO INFORMATIVO

Angústias do consumo 80
Diga-me o que vestes e te direi quem és 82
Uma questão de estilo 83
A periferia tá na moda? 83
Papéis trocados 84
"Tribos" ou segmentos de mercado? 85

TEXTO INFORMATIVO

Cidade e convivência 104
Estamos consumindo o meio ambiente 106
Em defesa do consumidor 107
O desafio da simplicidade 107
Protestos globalizados 108
O cinema contra as corporações 109

CAPÍTULO *1*
Interfone quebrado

Laura havia pendurado um pequeno quadro de flores ao lado do espelho do banheiro para que, pela manhã, quando ficasse diante de si mesma, pudesse desviar os olhos e ver algo bonito.

O tempo tinha sido muito cruel com ela.

Tinha 74 anos. Era atriz. Filha única de dois artistas de circo. Subia em palcos desde que se conhecia por gente. Uma vida de muito trabalho e pouca fama, mas com o secreto orgulho de ter sempre sobrevivido da arte de representar.

Pela manhã, suas bochechas sempre pareciam estar mais inchadas do que o normal. Desde que fizera aquela operação plástica barata e desastrada, dez anos atrás, acordava assim, como se tivesse passado a noite toda enchendo bolas de aniversário ou tocando sax. Algum erro do cirurgião prejudicara para sempre o sistema de drenagem linfática de seu rosto. Sem falar no estrago geral das pálpebras, no princípio tão esticadas que, quando fechava os olhos, continuava a ver o brilho das lâmpadas; para, uns dois anos depois, terem desabado como uma marquise podre. E também a cicatriz embaixo do queixo, de onde ele retirara a gordura e uma fatia de pele, para que pudesse esticar todo o resto.

A cicatriz só era visível quando Laura erguia o queixo, o que evitava a todo custo, mesmo se seu personagem precisasse demonstrar soberba.

"Será por causa dessa maldita cicatriz que só me dão papel de pobre?", ela pensou, enquanto massageava as bochechas com um novo

O Preço do Consumo

creme antirrugas, cujo rótulo prometia hidratar a pele profundamente, eliminar as rugas e fazê-la remoçar vinte anos em dois meses.

E o pior é que ela acreditava, mesmo tendo um armário cheio de cremes como aquele, todos pela metade. Provas concretas de suas ilusões perdidas.

Por que sempre caía naqueles golpes publicitários? Era uma mulher inteligente, culta, vivida, experiente. É claro que um xampu não iria deixá-la mais sedutora e fazer os homens pularem por cima dos carros para lhe oferecer flores, mas ela o comprava, e colocava a culpa de todas as suas dificuldades no xampu antigo.

É claro que um esmalte de unha não a transformaria numa nova mulher, mas ela o comprava, acusando os esmaltes antigos por todas as suas infelicidades.

A cada novo objeto comprado, havia uma esperança de renovação. Mesmo consciente de estar fazendo papel de idiota, não resistia, porque afinal sua vida era mesmo uma porcaria e qualquer tentativa, mesmo irracional, de sair daquela situação era melhor do que se conformar.

Um terço do que ganhava, portanto, ia para cosméticos, roupas, acessórios e cabeleireiras.

Olhou para o quadro de flores, para se sentir um pouco mais animada. Estava muito apreensiva, ansiosa, agitada... Às dez horas receberia uma visita importante. A diretora do departamento de *marketing* da emissora de tevê em que trabalhava vinha pessoalmente a seu apartamento tratar de um assunto muito sério e confidencial!

Aquilo era completamente inesperado. Laura atualmente fazia um papel secundário numa novela que estava apenas começando. O que uma diretora de departamento ia querer com ela?

Mas ficaria tudo bem. Felizmente estava estreando um creme facial que hidrataria profundamente a pele como nenhum outro, e suavizaria suas rugas de expressão já a partir daquela primeira aplicação. Depois, tomaria banho com um sabonete novo, contendo micropartículas esfoliativas, que retirariam suavemente a camada de pele velha, expondo as células jovens, proporcionando um rejuvenescimento imediato. Tudo ia dar certo.

Laura já ouvira falar que, quando algum ator era chamado para conversar no departamento de *marketing* da emissora, era quase certo

---

*O **marketing** é uma das funções empresariais mais valorizadas nas organizações. Seu objetivo é planejar as ações das empresas. Tem quatro preocupações básicas: produto (desenvolvimento de produtos e serviços), preço (definição de preços a partir de análises de mercado), ponto de venda (lojas, locais de venda, disponibilidade e canais de distribuição de produtos e serviços) e promoção (atividades de comunicação como publicidade, relações públicas, propaganda e promoções em pontos de venda).*

Interfone quebrado

que receberia propostas de *merchandising*. Isso nunca havia acontecido com ela, mas sabia que era como ganhar na loteria: um dinheiro inesperado, obtido sem trabalho, que provocava uma inveja generalizada e proporcionava a sensação maravilhosa de ter sido escolhido pelos deuses!

Mas a diretora do departamento vir na sua própria casa... Isso abria perspectivas estonteantes! O que ela teria para oferecer devia ser tão grandioso que não bastava uma simples reunião num gabinete. Era preciso aquela espécie de solenidade... A deferência à importância de uma atriz tão talentosa, com tantos serviços prestados à **dramaturgia** do país! Um gesto que honrasse o prestígio de uma artista consagrada! O reconhecimento do dom de...

— Pô, vó? Morreu no banheiro? Sai que eu tô apertada!

— Vou demorar! Vai no banheiro de empregada!

— A descarga de lá tá quebrada!

— Usa e depois joga um balde de água!

— Eu não quero fazer isso!

— Então aguenta! Eu ainda vou tomar banho!

Joana, a neta de Laura, ia dar um chute na porta do banheiro, mas se controlou e foi afinal para o banheiro de empregada. Só que Laura já havia perdido a concentração e tomou um banho apressado, certamente desperdiçando os efeitos esfoliativos das micropartículas do sabonete. Ao sair do banheiro, tinha a sensação de que suas células velhas permaneciam sobre as novas, abafando seu rejuvenescimento.

Joana estava emburrada, vendo tevê e comendo um pão com manteiga.

Era uma menina de 14 anos. Morava com a avó desde que seus pais haviam se separado, cinco anos antes. Nenhum dos dois tinha condições financeiras de sustentar a filha.

— Não fica com essa cara, menina.

— O balde ainda por cima tá furado. Molhou minha meia.

— Eu te disse que hoje era um dia especial. A mulher da tevê vem aí.

— Já falou isso mil vezes.

— Você não disse que ia ajudar a me vestir?

— Você ficou uma hora no banheiro!

— Depois experimenta aquele sabonete novo. Ele raspa a pele.

Uma das ferramentas de *marketing* mais usadas é o **merchandising**. Consiste na criação de ações de comunicação do produto, serviço ou marca nos pontos de venda ou no espaço de televisão, rádio, filme cinematográfico, espetáculo teatral etc. Nesse segundo caso, o *merchandising* é uma espécie de anúncio publicitário disfarçado, que aparece misturado ao enredo ou aos programas.

Dá-se o nome de **dramaturgia** ao conjunto de textos, técnicas e estilos para compor e representar peças de teatro. O termo também é utilizado para a produção de programas de televisão que usam narrativas ficcionais (telenovelas, seriados, minisséries e telefilmes): a teledramaturgia.

O Preço do Consumo

Laura lembrou que aquilo seria um desperdício. O sabonete era caro, e a neta só tinha células novas. Era melhor guardar o sabonete no armário.

— Ela vai chegar daqui a duas horas. Vem, Joana. Vamos lá no meu quarto. Eu quero causar boa impressão.

A menina acompanhou a avó, contrariada.

Sobre a cama já havia três vestidos longos.

— Não, vó... não tem nada a ver...

— Por quê?

— Dez horas da manhã, de vestido longo, em casa... vai parecer uma maluca. Tem de ser uma roupa mais simples.

— Mas eu preciso ficar chique. Ela é a diretora de...

— Eu sei! Eu sei! Não repete! Esses vestidos são pra sair à noite.

Joana vasculhou o armário. Tirou uma saia clara.

— Essa aqui... tá legal.

10

Interfone quebrado

Laura concordou.

— Mas eu não tenho blusa que combine!

As duas examinaram duas dezenas de blusas. Laura vestiu oito. Três foram selecionadas e vestidas alternadamente por uns vinte minutos, até que uma foi afinal aprovada. Tinha enchimento nos ombros e mangas largas, dava a Laura um porte mais altivo. A saia também era volumosa.

Era consenso entre elas que deveriam ser sandálias abertas, de salto alto, porém demoraram a se entender quanto à espessura dos saltos. Laura os queria finos. Joana disse que isso ia ficar ridículo dentro de casa. A avó não abria mão do salto alto, porque não queria se sentir baixa em relação à diretora de... Joana afinal venceu a batalha a favor dos saltos anabela e, dentre os oito pares, Laura escolheu o maior deles.

A escolha dos acessórios foi mais demorada.

Decidiu usar meias, para esconder as varizes. E unhas postiças, pois as suas já não cresciam sem quebrar.

E um cinto de couro, largo, para afinar a cintura. E um colar grande, de contas brancas. E pulseiras combinando. E brincos compridos.

E, o mais deprimente de tudo, uma peruca. Laura tinha grandes falhas de cabelos na nuca e usava uma peruca que acreditava ninguém perceber.

— Você tá parecendo uma árvore de Natal, vó.

— Não enche. Eu preciso me sentir bem.

Ela não sabia se estava conseguindo isso, mas aqueles penduricalhos tinham o estranho efeito de lhe transmitir segurança.

— Mas não tem sentido usar uns brincos desse tamanho dentro de casa, às dez da manhã, vó.

— Ah, é? E tem sentido espetar um alfinete na sobrancelha, tem?

— A gente já discutiu sobre isso.

Há um mês, Joana colocara um *piercing*. Laura nunca iria se acostumar com aquilo.

— Você não disse que ia dar uma geral na sala? — desconversou a neta.

— Meu Deus! É mesmo! E eu me aprontei antes! Que estúpida!

— Vai sobrar pra mim...

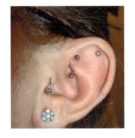

O uso de adornos corporais que perfuram a pele é uma prática bastante antiga. Para algumas tribos e clãs de tempos remotos, tinham significado religioso; faraós egípcios e soldados romanos consideravam esses adereços representações de poder. No final do século XX, o *piercing* foi associado à rebeldia jovem e incorporado como acessório da moda.

O Preço do Consumo

– Joaninha... por favor... só arruma um pouquinho. A sala tá limpa, só ajeita um pouco as coisas.

As duas voltaram para a sala. Laura, para conter a ansiedade, colocou um CD de música muito brega, que ela ouvia escondido, e a neta achava insuportável. Depois ficou arrumando as garrafas no bar, os objetos na mesa de centro, endireitando os quadros tortos nas paredes, acertando as pontas dos tapetes com o salto anabela. Enquanto isso, Joana passava espanador nos móveis, alinhava as cadeiras em torno da mesa, sacudia as almofadas do sofá...

Joana perguntou se ela não ia passar um batom, e Laura deu um grito desesperado... havia esquecido!

Correu para o banheiro e usou um batom novo que, no **comercial de televisão**, era o responsável por um homem lindo vir pegar uma mulher na porta de uma mansão, com um conversível importado. Colou cílios postiços, os maiores que tinha. Depois colocou duas gotas de um perfume que fazia a mulher ser o centro das atenções numa festa em um castelo.

Escutou Joana ouvindo *rock* no quarto. Sua neta estava se vestindo também. Deus sabe com que roupa apareceria. Mas era jovem, linda, tudo ficava bem nela.

A sala estava apresentável. Tudo ia dar certo. Faltavam ainda uns quinze minutos. O interfone tocaria avisando da chegada da mulher. Laura sentia-se uma atriz no camarim.

O interfone seria como o primeiro sinal para entrar em cena. A campainha da porta seria o segundo e último. Entre um e outro ela respiraria, faria sua oração para que tudo desse certo... como no teatro... e entraria no palco...

A campainha do apartamento tocou!

Ela retocava o batom e se borrou. Limpou às pressas. Apavorada, lembrou que o interfone estava quebrado. A mulher já estava na porta!

– Vó! Tão tocando! Quer que eu abra?

– Não! Não! Espera! Espera!

***

> **Comercial de televisão** é todo filme publicitário veiculado pelo meio televisivo. Esses filmes têm em média 30 segundos de duração e são reunidos em blocos de cerca de três minutos inseridos nos intervalos dos programas.

CAPÍTULO *2*

Um elefante
no supermercado

Laura saiu correndo do banheiro, equilibrando-se em seu salto anabela, ansiosa, sentindo-se uma perua, exagerada, peruca, unhas postiças, cílios enormes, ombreiras... No caminho viu sua neta de camiseta e *jeans* rasgado e rezou para que a diretora de *marketing* conhecesse marcas de grife e soubesse que aquela calça rasgada havia custado cinco vezes mais do que uma inteira, só porque trazia uma determinada etiqueta costurada atrás.

Trocou às pressas a música brega por um CD de *jazz* suave, que achava chatíssimo, mas comprara para impressionar em uma reunião de atores metidos a intelectuais.

Respirou fundo e abriu a porta.

Lá estava Isabel.

Diretora do departamento de *marketing* da maior emissora de tevê do Brasil. Uns trinta anos, morena, cabelos na altura dos ombros, perfeitamente lisos e cortados, como se acabasse de sair do cabeleireiro. Um rosto perfeito, sem rugas. Maçãs do rosto magras, cílios naturais, brincos discretos de prata, nariz de mostruário de clínicas de cirurgia plástica... sobrancelhas tão bem aparadas que fizeram Laura ter vontade de fechar a porta na cara dela.

Isabel estava muito elegante, com um *tailleur* azul-marinho, saia até os joelhos e uma camisa de seda branca finíssima por baixo do casa-

O Preço do Consumo

As **vitrines** surgiram no século XVIII e foram se modificando até se tornarem a principal marca de alguns grandes magazines (lojas de departamentos) da *Belle Époque* (período entre o fim do século XIX e o começo da Primeira Guerra, quando Paris era o grande modelo ocidental de sofisticação). Até hoje, as lojas investem em vitrines para atrair clientes.

No capitalismo desenvolvido principalmente até as décadas de 1960-70, havia a figura de proprietários de grandes conglomerados de empresas que dominavam determinado segmento de mercado: os **magnatas**. Alguns eram tão influentes que se tornaram míticos, como John D. Rockfeller (1839-1937) – magnata norte-americano do petróleo – ou William R. Hearst (1863-1951) – magnata das comunicações dos Estados Unidos que inspirou o personagem principal do filme *Cidadão Kane* (1941), de Orson Welles.

quinho, com dois botões abertos deixando ver um lindo colar de prata trabalhada.

Os sapatos finos, de salto agulha, discretos, completavam o estilo perfeito da executiva de sucesso, uma verdadeira **vitrine** ambulante do consumo chique, feita para causar inveja e estimular as vendas.

O único acessório estranho, inusitado, que destoava de todo o resto, era uma enorme e absurda mala de viagem que ela trazia, e que evidentemente estava vazia pela facilidade com que a carregou ao ser convidada a entrar no apartamento.

– Bom dia. Tudo bem? Eu sou a Isabel. Minha secretária marcou...

Isabel estendeu um cartão para Laura, que fingiu ler para não ter que colocar os óculos.

– Oi, querida! Entra. Entra.

– Desculpe ter subido assim, Laura... Posso te chamar de Laura, né?...

– Claro. Você, pessoalmente... é uma honra recebê-la.

– A honra é minha... Uma atriz tão importante... tão famosa... Uma glória dos nossos palcos! Eu sou uma simples executiva... Não estou incomodando? O porteiro disse que eu podia subir. O interfone quebrou.

– Ah, os interfones... Ontem mesmo estava funcionando...

– Interfone é um problema... Mas estão com os dias contados. O celular vai substituir o interfone.

– O celular vai substituir tudo.

– O porteiro me mandou subir... sem avisar.

– Eu disse que você vinha, Isabel... Fique à vontade...

– Desculpe ter marcado essa reunião em cima da hora, mas é que...

– Não tem problema. Transferi um compromisso pra semana que vem. Tenho a manhã toda.

– Trabalhar em tevê é assim, essa correria. Você sabe como é...

– Sei mesmo, querida. Comecei cedo. Em 1954, com 20 anos, fiz minha primeira novela. Eu fazia a filha de um sapateiro bêbado que terminava como **magnata** da indústria de cimento.

– Deve ter sido uma trama cheia de reviravolta.

– Nem tanto. Ele ganhou na loteria.

– Ah, loteria... Dá pra resolver muita coisa com a loteria. De vez em quando fazemos uns acordos com a Caixa Econômica Federal. Chega a

Um elefante no supermercado

ser considerado *merchandising* institucional, sabia? É muito vantajoso pra todo mundo. Você então, nessa novela que está falando, era do núcleo pobre... Claro, só o núcleo pobre ganha na loteria. Uma vez fizemos um personagem milionário ganhar na loteria e recebemos milhares de cartas indignadas. Uma delas dizia que aquilo era como chover no mar. Um desperdício. Essa imagem nunca mais saiu da minha cabeça. Chover no mar.

— Minha família na novela passou logo para o núcleo rico.

— Loteria é para isso. Mas núcleo rico feliz ou infeliz? Já havia isso naquela época?

— Já. O meu pai sapateiro ficou rico, mas continuou bêbado. Só trocou a cachaça pelo uísque. E eu virei uma adolescente cheia de problemas. Fomos para o núcleo "ricos infelizes".

— Sei... Mas é necessário, sabia? O povo precisa saber que dinheiro não traz felicidade.

Laura e Isabel riram.

Laura percebeu ter deixado a visita parada tempo demais, em pé, segurando uma mala, e, pior, junto à janela. Pegou Isabel pelo braço.

— Desculpe... Vamos sentar. E ficar longe da janela...

— Você está gripada? Está ventando mesmo.

— Não. Bala perdida.

— Sério?

Isabel olhou para fora. O apartamento era de fundos e dava para uma favela. Os barracos se apinhavam a menos de cem metros. Podiam-se ouvir os rádios ligados nas casas.

— Mês passado entrou uma bala de fuzil por ali, bateu naquela parede — Laura apontou — e caiu no tapete. Já mandei o porteiro colocar uma massinha, pra tapar o buraco.

— Essa cidade está...

— Mas é um apartamento tão bom. Não tenho coragem de mudar. Me apeguei a esse lugar... uma coisa afetiva mesmo... de família. Quando cheguei, essa favela aí nem existia, é incrível como elas crescem rápido. Não são maus vizinhos. Gente trabalhadora. Mas às vezes, quando a polícia sobe, ou bandidos querem invadir... Bom, o Rio de Janeiro todo está assim, não é mesmo?

Favelas são áreas urbanas habitadas por populações com baixíssimo poder de consumo. São marcadas pela falta de serviços públicos e por habitações improvisadas – a maioria é feita com materiais reaproveitados (tábuas, lona, plástico etc.). A primeira favela brasileira se formou no final do século XIX, no centro do Rio de Janeiro, por ex-soldados da Guerra de Canudos (BA, 1893-1897) que não haviam recebido pagamento. Ocuparam, então, a encosta de um morro batizada de Morro da Favela – *favela* é um tipo de arbusto comum na região da caatinga.

O Preço do Consumo

– Claro.

– Já tomou café?

– Já. Obrigada. Não quero incomodar.

– Quer beber alguma coisa? Um refrigerante? Um suco?

– Um refrigerante eu aceito. Com duas pedras de gelo.

– Sente aqui no sofá. Relaxe. Sinta-se em casa.

Isabel colocou a mala enorme ao lado da mesinha de centro e sentou, cruzando as pernas.

"A infeliz tem pernas maravilhosas, tudo no lugar" – Laura resmungou em pensamento. "Deus é injusto. Não dá celulite para todas. E pra que diabos ela trouxe essa mala? Vai se mudar pra cá?". Laura preparou o refrigerante na cozinha e colocou amendoins num pratinho.

Na sua ausência, Isabel, curiosa, foi até a janela. Nunca havia visto uma favela assim de perto. Ficou impressionada. As vielas eram estreitas demais, tudo muito precário, nenhuma casa tinha reboco. Cresciam umas em cima das outras, como colmeias. Havia valas de esgoto a céu aberto passando por baixo das palafitas, água podre escorrendo pelas escadas e crianças descalças patinando naquela lama... Dava pra sentir o cheiro. Escutou tiros. Instintivamente agachou-se, recuou, encostou-se à parede.

Voltou, apavorada, a sentar-se no sofá.

Pouco depois, Laura voltou com a bandeja e a colocou sobre a mesinha de centro. Teve de se desviar da grande mala. Queria fazer a pergunta óbvia, o que aquela mala estava fazendo ali, porém decidiu que era melhor esperar. Mas não ia ser fácil ignorar a mala. Era como encontrar um elefante num supermercado e não fazer nenhum comentário.

Nesse momento, Joana entrou na sala. Isabel levantou para cumprimentá-la.

– Essa é minha neta, Joana.

– Oi.

– Oi. Eu sou Isabel.

– Legal.

Laura conhecia bem a neta e, pelo olhar, percebeu que a menina havia ficado completamente deslumbrada com a classe, a elegância e

Um elefante no supermercado

O Preço do Consumo

a demonstração explícita de boa situação financeira em todos aqueles itens de consumo caros espalhados pelo corpo de Isabel.

O olhar da menina percorreu cada acessório... os brincos, o colar, os sapatos, o corte de cabelo, a tonalidade do batom...

— Quantos anos você tem? — Isabel perguntou.

— Catorze.

— Você é muito bonita. Vai acabar trabalhando na televisão, como sua avó.

Já haviam conversado sobre isso. Joana não queria ser como a avó.

"Quero ganhar dinheiro para ter as coisas" era como a menina resumia seu projeto de vida.

E, pelo jeito com que olhava Isabel, parecia ter acabado de descobrir como conseguir isso. Laura lia no rosto de Joana a decisão de se tornar uma executiva de sucesso, não importava o que precisasse fazer para chegar a isso.

E tão fascinada a neta ficou que, em vez de apenas cumprimentar a visita da avó e voltar a se trancar no quarto, como sempre fazia, Joana sentou na poltrona, para surpresa de Laura.

— Quando quiser mais refrigerante ou qualquer outra coisa, é só pedir, Isabel. Relaxa mesmo, amiga. Isso aqui é casa de artista.

— Você é muito simpática, Laura.

— Tenho feito muitas personagens malvadas nas novelas, e as pessoas confundem as coisas. Sou uma pessoa muito doce. Sou até ingênua, sabia?

— Mas andava meio afastada da telinha, não é?

— Foi uma opção minha. Eu precisava dar um tempo. Fazer um balanço da vida, da minha carreira profissional. Eu estava num momento mais voltado pra dentro...

— Sei... É natural...

— Preservar um pouco minha imagem... As novelas deixam a gente superexposta... Se a pessoa não tem estrutura... Quis cuidar um pouco da minha vida, estudar, cuidar melhor dos meus relacionamentos pessoais... da minha espiritualidade. Fiz uma viagem à Índia. Você conhece a Índia?

— Conheço. Já fui lá duas vezes.

Um elefante no supermercado

Joana olhou a avó com espanto.

– Foi uma viagem muito curta. Eu tenho pavor de avião. Pra falar a verdade, tenho síndrome do pânico. Mas você não vai espalhar isso pra imprensa, vai? – Laura riu.

– Não sou jornalista... – Isabel riu também. – Nem **assessora de imprensa**. Pode ficar tranquila. Pelo contrário, meu departamento se preocupa justamente com a boa imagem do artista. Somos os maiores interessados em que vocês passem credibilidade. Sem credibilidade não se vende o produto, não é? Trabalho com **publicidade**. Mais especificamente, com o setor de *merchandising* para as novelas.

– Que ótimo!

– É. É ótimo.

Laura sentiu que as formalidades estavam acabando e afinal Isabel ia entrar no assunto.

✳✳✳

Assessor de imprensa é o profissional que gerencia o relacionamento entre organizações públicas ou privadas – ou artistas, esportistas, políticos... – e os veículos de comunicação de massa (jornais, revistas, emissoras de TV e rádio, portais de internet).

O termo "propaganda" foi criado pela Igreja Católica em 1622, em Roma, para propagar a religião pelo mundo. Mais tarde, passou a se referir ao conjunto de atividades envolvidas na divulgação de ideias. A partir do final do século XIX, a propaganda também passou a divulgar produtos e serviços comerciais – o que chamamos de **publicidade**. No Brasil, os dois termos, "publicidade" e "propaganda", são aceitos na venda de produtos. Mas, para se referir a atividades de propagação de ideias sem vinculação a marcas, produtos ou serviços, o correto é usar "propaganda".

CAPÍTULO *3*

Um *merchandising* explícito

—O que é *merchandising*? – perguntou Joana.

Ela ia mesmo participar da conversa, espantou-se a avó.

– É uma propaganda não declarada de um produto, dentro da trama da novela ou do filme – Isabel explicou. – A gente menciona ou mostra um produto fora dos blocos de comerciais normais, dos intervalos dos programas.

– Ah... saquei...

– Você já deve ter visto. O personagem da novela diz que tem de ir ao banco e aí aparece a cena toda... Ele entra no banco...

– Bancos lindos – Laura sorriu. – Caixas vazias, funcionários sorridentes, prestativos... Parece que estão ali só pra gente.

– É. Trabalhamos com o **ideal**, não com o verdadeiro... – Isabel sorriu também. – Já pensou mostrar o banco como é de verdade? Filas enormes, má vontade...

As três riram.

O **ideal** é um modelo construído que corresponde à perfeição, ou seja, que carrega apenas qualidades positivas. Uma das principais estratégias da publicidade para divulgar produtos e modos de vida é a criação de ideais vinculados ao consumo.

Um *merchandising* explícito

Joana estava encantada. Os dentes de Isabel eram os mais perfeitos que já vira na vida.

– Outro dia a câmera ficou parada um tempão mostrando o letreiro de uma loja – ela lembrou.

– Isso é *merchandising* – afirmou Isabel. – Justamente... a loja paga para aparecer, para ser frequentada pelos personagens... Passa a fazer parte da trama da novela, entende?

– Às vezes a imagem não tem nada a ver com o que os personagens estão falando... O cara tá brigando com a namorada dentro do carro, e a câmera fica mostrando a marca, o visual do carro, um *close* no porta-malas...

– Isso, Joana. Exatamente. Quando a imagem fica estranha, desconectada, pode estar certa de que conseguimos enfiar um *merchandising* ali. Estragar a cena é a marca registrada do meu departamento.

Todas riram. O clima entre elas estava agradável. Três gerações conversando, numa bela manhã de outono no Rio de Janeiro. Joana também

21

O Preço do Consumo

serviu-se de refrigerante, e Laura reconheceu gestos afetados na neta, já imitando Isabel.

– E isso funciona? – a menina perguntou.

– E como. Pagam uma fortuna por uma inserção de alguns segundos.

– Jura?

– As vendas aumentam logo... Uma joalheria outro dia pagou para que colocássemos um colar de pérolas no pescoço da **protagonista** da novela das oito... Já no dia seguinte havia fila de espera na joalheria, de senhoras querendo um colar daqueles! Eles gostaram... Estão nos pagando uma grana para pendurar colares, pulseiras, brincos, tudo que podem, na pobre da protagonista. Ela está parecendo uma árvore de Natal.

Joana e Isabel riram muito. Laura menos. Naquele momento sentia-se a própria árvore de Natal. Não devia ter colocado acessórios tão berrantes. Isabel teria dado uma indireta? Teve raiva da mocidade. Aquelas duas ficavam bonitas vestindo qualquer coisa. Se ela saísse com um *jeans* rasgado como aquele ia acabar sendo levada para algum asilo. Mas sua vingança era que elas envelheceriam também.

– Na verdade – Isabel prosseguiu –, a tendência da propaganda é o *merchandising*... Os blocos de comerciais comuns servem mais aos interesses das agências de propaganda do que aos clientes. A modernidade é fazer o produto participar da realidade. O colar de pérola não está dizendo "me compre"... ele está sendo usado por uma protagonista rica, de bom gosto, que deve ser imitada... o colar está dizendo "acho melhor você me comprar, senão ficará para trás... pessoas incríveis já me compraram"... Essa é a mensagem **subliminar** que queremos passar.

– Mas os segundos dos intervalos comerciais ainda custam uma fortuna – lembrou Laura.

– Bom... eu defendo meu departamento... Para mim, intervalos entre os programas foram feitos pra gente ir fazer xixi... Então lá se vai grande parte do nosso público-alvo...

Joana e Isabel voltaram a rir bastante. Laura admirava-se cada vez mais com o clima de entendimento entre as duas. Começou a se sentir de fora. Por outro lado, era a primeira vez que a neta gostava de uma visita da avó, e isso a agradou.

> **Protagonista** é o personagem mais importante de uma narrativa (teatro, literatura, cinema, televisão, história em quadrinhos...), pois é em torno dele que se desenvolve a trama.

> Em propaganda, **subliminar** é a mensagem que não é percebida de maneira consciente pelo público.

Um *merchandising* explícito

– Fale mais de você, Isabel. Como chegou onde está? O pessoal da tevê já tinha me falado de você...

– Mal, não é? Certamente mal...

– De jeito nenhum! Todos sabem que o seu departamento é da maior importância.

– Nada. Alguns artistas e diretores odeiam. Dizem que nós estragamos as novelas.

– Não concordo!

Laura quase gritou aquilo. Precisava se controlar. É claro que Isabel estava ali para lhe fazer uma proposta, mas ela não podia se mostrar tão oferecida. Tinha de aparentar alguma dignidade. Ao menos fingir ser difícil.

– Não concordo – repetiu, mais calma. – O *merchandising*, quando é bem-feito, se incorpora à trama da novela, sem problema algum. E uma novela de televisão é um produto como outro qualquer, tem de ser vendido e dar **lucro**. O seu departamento faz o que tem de ser feito, com toda honestidade. As nossas produções são caras... por isso são as novelas de melhor qualidade do Brasil e do mundo. E isso é graças ao dinheiro que entra, não é?

– Mas não são todos que pensam assim, Laura. Existem uns certos fanáticos pela "**arte pura**" que dão no saco...

– Você fez faculdade de quê? – cortou Joana, vivamente interessada.

– Administração de empresas.

– Ah, tá. E foi legal?

– Super.

– E entrou logo pra tevê?

– Não. Fiz estágio em duas empresas de telefonia. Eu era **relações-públicas**. Não gostava muito do que fazia, e estudei à noite pós-graduação em propaganda e *marketing*.

– Demorô.

– Aí namorei um carinha que trabalhava na tevê, e ele me levou pra fazer um estágio lá. Fui admitida no departamento de *marketing*... Aí fui subindo... subindo... hoje sou diretora.

– E você casou?

– Casei.

– Com o carinha?

Lucro é o ganho envolvido nas transações econômicas. Para saber qual é o lucro bruto de uma empresa, primeiro é preciso calcular quanto dinheiro foi obtido com as vendas dos produtos ou serviços (a receita da companhia). Desse total, subtraem-se os custos (valor investido na produção).

"**Arte pura**" é uma das formas para se referir a produtos artísticos que não sofrem interferências do mercado, de modismos, de questões morais.

Relações públicas é o conjunto de atividades de comunicação dentro das organizações, sejam elas entre funcionários (público interno) ou clientes (público externo). Os profissionais dessa área normalmente utilizam como canais os *house organs* (revistas, jornais, boletins e *sites* feitos para a própria organização) e os eventos (encontros, feiras, festas, *shows*, seminários, concursos etc.).

O Preço do Consumo

Linguagem é toda forma de comunicar-se e/ou expressar-se. As linguagens são classificadas em dois tipos: verbal (baseada no uso da palavra – oral ou escrita) e não verbal (todas as outras formas de linguagem baseadas em gestos, sons ou imagens).

O interesse do jornalismo por detalhes da vida particular de celebridades não é recente: desde o final do século XIX, esse tipo de cobertura ganhou espaço na imprensa, por meio das colunas sociais. Na sequência, surgiram as "**revistas de fofoca**". Associada a esse universo há a figura dos *paparazzi* – fotógrafos que seguem personalidades famosas para conseguir fotos de sua privacidade.

– Não. Com um ator de novela.
– Jura?!
Isabel disse o nome do tal ator.
– Jura!? – repetiu Joana, com os olhos ainda mais abertos.
– Mas me separei cinco anos depois.
– Ah.
– Tenho um filho de quatro anos. O Rodrigo.
Isabel puxou de dentro do bolso do *tailleur* uma pequena carteira, claro que maravilhosamente chique, e mostrou a foto do Rodrigo. A avó e a neta fizeram os elogios de praxe.
Joana estava maravilhada. Queria aquele futuro para ela.
– Já namorou outros atores?
– Já. Dois.
Isabel disse os nomes.
– Jura? Jura?!
– Mas não é bom namorar alguém do trabalho. Pra mim, nunca mais. Quando a gente termina um namoro, não dá vontade de ver o sujeito, não é?
– Eu não gosto de namorar ninguém do colégio por causa disso.
– Você já namorou alguém do colégio? – Laura se espantou. – Eu nunca soube.
– Ah... vó. – E Joana lançou um olhar cheio de significados para Isabel.
Um deles era: "Minha avó é uma velha tonta que acha que eu vou contar tudo pra ela".
Laura não gostou nada daquilo. As duas a estavam deixando de lado. A visita era para ela. Laura era a pessoa importante ali. Por ela, uma diretora de departamento da maior emissora de tevê do país havia deixado o trabalho para passar a manhã tratando de negócios pessoalmente!
Irritava-a também perceber que Isabel usava dois tipos de **linguagem**. Para falar com a neta, era coloquial, relaxada, moderna, antenada, descontraída. Para falar com a avó velha, era formal, contida, como se estivesse fazendo força para se comunicar com o passado!
– Não tá namorando ninguém agora? – Joana parecia muito interessada na vida sexual de Isabel, como uma repórter de **revistas de fofoca**.

24

— Estou. Mas não é artista. Pra mim chega de artista. Estou ficando velha — sorriu.

Laura se irritava cada vez mais. Aos 30, a pessoa diz que está ficando velha e sorri. Aos 74, só pode chorar.

— Estou noiva de um empresário. Acho que casaremos no final do ano.

Joana mantinha aquele ar de quem escuta um conto de fadas. Era como se Isabel estivesse vendendo a si mesma para a neta de Laura. Um *merchandising* explícito no meio de sua sala! Cheia de inveja e ciúme, resolveu cortar radicalmente o assunto das duas, perguntando à Isabel:

— Você já teve síndrome do pânico?

Foi uma pergunta estranha, mas ela havia confessado ter aquele sintoma e queria compartilhar sua intimidade. Precisava também saber se a "dona certinha e feliz" tinha algum problema.

Joana fulminou a avó com um olhar de *isso-é-pergunta-que-se-faça?*

— Acho que eu vivo assim — Isabel respondeu, sorrindo. — Ainda não tive é síndrome da calma.

Joana riu, encantada com a resposta espirituosa e, como acompanhamento, Isabel fez o gesto de sacudir os cabelos e tirá-los da testa com um só movimento da mão direita. Era uma cena de comercial de xampu, e Laura teve vontade de perguntar qual a marca que ela usava.

— Sério. Sou muito ansiosa — Laura confessou. — Viajar de avião me deixa apavorada. Só de ver essa mala aí, por exemplo, já estou começando a suar.

Arrependeu-se de dizer isso. Tinha decidido esperar até que Isabel se explicasse. Mas ficara com ciúme da admiração da neta por aquela *executiva-bem-sucedida-com-tudo-em-cima* e queria tratar logo de negócios.

Isabel sorriu, mostrando seus maravilhosos dentes, olhou para Joana querendo comunicar que *a-velha-apressada-nos-interrompeu-mas-depois-continuamos*, fez uma pausa dramática, aproveitando para cruzar e descruzar as pernas e, afinal, olhando nos olhos de Laura, cheia de intenções e promessas, disse:

— É sobre essa mala que eu vim conversar.

***

NEM SEMPRE FOI ASSIM

Laura e Joana esperam uma oportunidade que lhes renda dinheiro e fama. Isabel representa para elas a possibilidade de saciar seus desejos de consumo. Por que será que o consumo está tão impregnado na vida dos personagens – e na nossa também?

Responda rapidamente: quantos modelos de *jeans* existem? E aromas de xampu? Quantos sabores de sorvete, marcas de automóvel, títulos de revistas e tipos de capa para celulares?

É difícil responder a essas questões, mas uma afirmação genérica serviria a todas elas: são muitos (ou muitas), bem mais do que a nossa capacidade de lembrar deles (ou delas). Então, podemos fazer novas perguntas: para que tantas mercadorias? Para nos deixar mais felizes? Tristes? Confusos? Satisfeitos? Antes de dar qualquer resposta, é importante entender como o consumo chegou ao ponto que conhecemos hoje.

A palavra "consumo" tem diversos sentidos e está relacionada a muitas atividades humanas. O consumo está presente em todas as sociedades, mesmo nas mais antigas. Desde a criação do comércio, na Antiguidade, "consumir" também significa "comprar", trocar dinheiro por algum bem material.

Hoje, é comum dizer que vivemos em uma **"sociedade de consumo"**, na qual as relações com as mercadorias definem as relações entre as pessoas. As origens desse fenômeno não são muito precisas. Muitos historiadores e sociólogos costumam situar o aparecimento do consumo moderno entre os séculos XVI e XVIII, associando-o ao desenvolvimento do **capitalismo** e a outras transformações, como a formação dos Estados modernos, a Reforma Protestante, o Renascimento e o Iluminismo. Esse conjunto de mudanças permitiu aos indivíduos refletir e agir sobre o mundo de uma maneira mais racional. Com isso, a própria modernização – ou seja, as condições pelas quais se dão as mudanças tecnológicas, políticas, econômicas e culturais – passou a ser questionada e debatida publicamente.

A visão de mundo moderna trouxe também inovações técnicas e científicas aplicadas à produção (como o uso da máquina a vapor). Com a ajuda de novos equipamentos e materiais, pôde-se produzir mais em menos tempo. Esse processo, conhecido como **Revolução Industrial**, consolidou-se na Inglaterra no século XVIII e tomou conta da Europa no decorrer do século seguinte.

A partir da segunda metade do século XIX, com a incorporação de tecnologias mais modernas à indústria (como o uso do petróleo e, depois, da eletricidade), a produção aumentou de tal forma que não podia mais ser toda absorvida pelos **mercados internos** das nações produtoras. Esse processo, que recebeu o nome de Segunda Revolução Industrial, é marco de uma mudança na organização do capitalismo, que passou da fase concorrencial para a monopolista.

Para escoar o excedente da produção, foi preciso conquistar **mercados externos**. Isso se deu na base da dominação política e econômica de várias regiões do mundo – notadamente do continente africano e de parte da Ásia – por nações europeias, iniciando

EM 1890, ÉPOCA EM QUE ESTA FOTO FOI TIRADA, A CIDADE DE LONDRES, NA INGLATERRA, TINHA MAIS DE 5 MILHÕES DE HABITANTES. BOA PARTE DESSAS PESSOAS, INCLUINDO MUITAS CRIANÇAS, TRABALHAVAM NA INDÚSTRIA E NO COMÉRCIO.

o processo conhecido como **neocolonialismo**. A América Latina atendia aos interesses econômicos dos Estados Unidos, que tinham definido uma política para barrar qualquer intervenção da Europa no continente americano, a **Doutrina Monroe** (1823).

Consolidou-se uma **divisão internacional do trabalho**, ou seja, uma interdependência entre os países, em que cada um deveria desempenhar um papel na economia internacional. Esses papéis foram definidos, principalmente, em função do estágio de industrialização de cada nação: aos **países desenvolvidos**, caberia a produção industrial; aos **subdesenvolvidos**, o fornecimento de matéria-prima e a importação de produtos industrializados.

Neste novo cenário, as **empresas capitalistas** passaram por grandes mudanças. Antes, eram unidades praticamente autônomas e muito vinculadas à figura dos proprietários. Com a necessidade de atuar mundialmente, elas precisaram unificar o capital, ou seja, começaram a atuar em conjunto, formando **trustes** (fusão de empresas para controlar um determinado mercado) e **cartéis** (acordo comercial em que empresas distribuem entre si cotas de produção e de mercado).

No final do século XIX, nos países industrializados, as **cidades** tiveram um expressivo aumento no número de habitantes. As condições de vida no campo haviam se tornado, em algumas regiões, muito precárias. E a população que vivia sobretudo em granjas, fazendas ou em vilarejos próximos às áreas rurais começou a ser atraída para os grandes centros urbanos, que concentravam a produção industrial e as oportunidades de trabalho.

Esse deslocamento causou alterações no modo de vida das pessoas. No campo, boa parte do que se consumia era produzido domesticamente, mas, nas residências operárias urbanas, não havia espaço para manter hortas, criações de animais ou pequenas oficinas. Além disso, o trabalho domiciliar tornou-se antieconômico, pois passou a ser mais barato adquirir bens **manufaturados** do que produzi-los em casa – além de mais sedutor, em razão da maior variedade de opções. E, com o passar do tempo, as habilidades usadas na feitura artesanal desses produtos – que eram transmitidas dentro das famílias – se perderam. Pense em quantas pessoas você conhece que sabem fazer sabão em casa, costurar as próprias roupas, tecer um tapete ou construir uma mesa de madeira.

Para produzir mais, a indústria precisava de mais mão de obra, e quase todos os integrantes da família foram trabalhar fora de casa. A renda das famílias e a

NO FINAL DO SÉCULO XVIII, QUANDO A REVOLUÇÃO INDUSTRIAL COMEÇOU, OS EMPREGADOS DAS FÁBRICAS TRABALHAVAM ATÉ 80 HORAS POR SEMANA, ERAM MAL REMUNERADOS E VIVIAM EM CONDIÇÕES PRECÁRIAS.

O FILME *TEMPOS MODERNOS* CHEGOU A SER PROIBIDO NOS ESTADOS UNIDOS QUANDO FOI LANÇADO, EM 1936. NELE, CHARLES CHAPLIN REPRESENTA UM LÍDER GREVISTA E CRITICA AS CONDIÇÕES DOS TRABALHADORES DAS FÁBRICAS NORTE-AMERICANAS.

O PRIMEIRO SUPERMERCADO SURGIU NA DÉCADA DE 1930, EM NOVA YORK (EUA). ESSES ESTABELECIMENTOS, COM SUAS PRATELEIRAS CHEIAS DE MERCADORIAS, SÃO UM DOS SÍMBOLOS DA SOCIEDADE DE CONSUMO.

capacidade individual de consumo aumentaram, assim como a oferta de produtos à venda – nem todos eles necessários à subsistência.

Ao longo da primeira metade do século XX, o trabalho nas fábricas foi racionalizado para atender ao aumento da produção: cada operário executava repetidamente uma única tarefa, o que evitava a ociosidade dos trabalhadores – conforme os preceitos da **teoria taylorista** e do **modelo de produção fordista**. Também foram paulatinamente obtidas maiores garantias ao trabalho assalariado – como o estabelecimento de contrato de trabalho (parte dessas garantias seriam perdidas principalmente a partir da década de 1980, com a tendência de promover redução drástica dos custos de produção que marca a fase atual do capitalismo).

Foi depois da Segunda Guerra Mundial (1939-1945) que a sociedade de consumo propriamente dita emergiu. Com a aplicação mais efetiva de modos de produção em massa, novos produtos passaram a ser despejados no mercado com muito mais velocidade, provocando uma mudança nos padrões de consumo.

O **marketing** surgiu, na primeira metade do século XX, como uma ferramenta necessária a essa nova lógica consumista. Seu objetivo é pensar estrategicamente os interesses empresariais, incluindo o alargamento ou a criação de **mercados**. O papel das indústrias, a partir daí, não é apenas fabricar produtos, mas também incentivar o consumo como modo de vida.

As mercadorias ganham existência para atender a uma demanda já existente (como as necessidades de sobrevivência dos indivíduos ou as que foram moldadas pelas tradições de cada sociedade) e para criar desejos que até então não existiam. E uma gama enorme de novos produtos passa a ser despejada diariamente no mercado. No padrão moderno de consumo, o mais importante é ter o mais novo, o último modelo, o que está na **moda** – e não o que dura mais.

As empresas começaram a **programar a obsolescência** dos produtos, isto é, a calcular uma vida útil cada vez mais curta para obrigar a substituição frequente por novos objetos.

A percepção do tempo foi afetada pela dinâmica da sociedade de consumo. O cotidiano sofreu uma aceleração – os dias das pessoas são agora ocupados por uma quantidade cada vez maior de atividades (de trabalho e lazer), boa parte delas relacionadas à produção ou ao consumo de novos bens ou serviços.

A família, que era a instituição central na organização da sociedade, também sofreu transformações: com a maioria dos integrantes trabalhando em jornadas separadas, ficava difícil manter o mesmo esquema de convívio familiar. Além disso, conquistas sociais permitiram maior acesso à vida pública. As mulheres, por exemplo, foram abandonando o modelo de vida basicamente doméstico.

Todas essas mudanças, ao longo do tempo, fizeram que o consumo de produtos e serviços assumisse uma importância cada vez maior no dia a dia das pessoas, ao ponto de representar, para alguns estudiosos, a própria definição de nossa sociedade: a sociedade de consumo.

"A GENTE NÃO QUER SÓ COMIDA"

Você já teve a sensação de que não poderia mais viver sem determinado produto (como um novo *game* ou celular) e, depois que o comprou ou ganhou, acabou deixando-o de lado? Definir o que é imprescindível e o que é supérfluo não é tarefa fácil, porque entram em jogo muitos fatores: a época e o local onde a gente vive, os lugares que frequentamos, a religião que seguimos... Até o padrão de vida dos nossos amigos pesa quando desejamos ou decidimos comprar alguma coisa.

Ou seja: o valor dos objetos não é definido apenas pela sua utilidade ou durabilidade. Existe também o chamado **"valor simbólico"**, aquilo que um produto representa. Por exemplo: você pode comer uma refeição em casa, preparada por alguém da sua família, ou ir a um restaurante famoso e caro. Você mata a fome das duas maneiras, mas cada uma tem um significado muito diferente.

O **consumo supérfluo** é motivado, normalmente, pelo prazer (busca-se satisfazer um desejo) ou, então, pela ostentação social. Muito antes de a sociedade de consumo se consolidar, o luxo já existia. Mas, com a possibilidade de produzir quase tudo em grandes quantidades, indivíduos de todas as classes sociais começaram a consumi-lo ou desejá-lo – ainda que muitos só possam comprar a versão falsificada ou similar de um produto muito caro.

Além de colocar uma enorme variedade de produtos no mercado, a indústria investe na publicidade, para criar nos consumidores o desejo de comprá-los. Estabelece-se um ciclo: conhecemos um produto novo, ficamos loucos para tê-lo e, quando o adquirimos, já somos apresentados a mais uma novidade "imprescindível".

O LUXO DA CORTE DA FRANÇA NO SÉCULO XVIII FOI RETRATADO NO FILME *MARIA ANTONIETA* (2006), DA CINEASTA SOFIA COPPOLA.

MARGENS DO CONSUMO

A palavra "exclusão" tem sido muito usada. Mas o que de fato significa "ser excluído"? De modo geral, é não estar integrado ao **circuito produtivo** (poder ganhar dinheiro e consumir produtos). Isso pode se dar por razões de ordem cultural. Por exemplo: os povos nômades veem o acúmulo de bens como algo negativo, pois atrapalha a mobilidade, muito mais importante para eles.

As razões para ser excluído também podem ser políticas ou éticas: atualmente, há grupos e indivíduos que adotam um padrão de consumo baixo porque acreditam que, dessa maneira, contribuem com o meio ambiente ou com alguma causa social.

No entanto, a forma mais comum de **exclusão** é a determinada por razões econômicas: pessoas que não conseguem exercer uma atividade que lhes garanta uma renda mínima são excluídas do circuito produtivo por não terem poder para consumir.

Assim, o consumo não está disponível para todos, como muitas vezes as mensagens publicitárias nos fazem crer. Em 2005, de acordo com o PNUD (Programa das Nações Unidas para o Desenvolvimento), mais de 1 bilhão de pessoas em todo o mundo vivia com menos de US$ 1 por dia, ou seja, estavam abaixo da linha de pobreza. Dados divulgados pela FGV (Fundação Getúlio Vargas) em 2006 mostram que, no Brasil, 22,7% da população vive na miséria (têm um rendimento mensal de menos de R$ 121).

A automação do setor industrial e as políticas empresariais de enxugamento do quadro de funcionários para cortar custos e aumentar a competitividade vêm expulsando do circuito produtivo, a cada ano, grandes contingentes de trabalhadores. Além disso, boa parte dos empregos disponíveis (muitos deles informais) oferece remunerações baixíssimas.

Assim, a sociedade de consumo vem sendo marcada por uma grande **desigualdade social**. No Brasil, por exemplo, 10% da população detém 44,4% da riqueza do país. Os 10% mais pobres ficam com apenas 1% da renda nacional. Os dados são da Pnad (Pesquisa Nacional por Amostra de Domicílios) de 2006, realizada pelo IBGE (Instituto Brasileiro de Geografia e Estatística).

O grau de desequilíbrio interno em um país normalmente reflete a desigualdade que existe entre as nações. Nos países que concentram riquezas e têm melhor distribuição de renda, o acesso ao consumo supérfluo é bem maior do que nas nações periféricas, onde grande parte da população mal consegue prover suas necessidades básicas. Isso não significa que não exista desigualdade social nos países ricos – estatísticas mostram inclusive que ela vem crescendo.

De acordo com o Banco Mundial, os Estados Unidos concentram quase 25% da riqueza existente. Os norte-americanos de classe média – que compõem o maior mercado consumidor do mundo – têm grande facilidade para obter empréstimos bancários e comprar casas, carros, eletrodomésticos... Isso acontece porque o sistema financeiro internacional, para incentivar o consumo nos países ricos, coloca um grande volume de crédito à disposição desses mercados. E o excesso de empréstimos e a alta inadimplência vêm tornando recorrentes graves crises na economia norte-americana, que têm reflexos pelo mundo todo.

RESIDÊNCIAS BRASILEIRAS COM SANEAMENTO BÁSICO (%)

- Brasil: 66,8
- Região Norte: 12,6
- Região Nordeste: 41,6
- Região Sudeste: 89,4
- Região Sul: 64,8
- Região Centro-Oeste: 40,6

FONTE: IBGE, *PESQUISA NACIONAL POR AMOSTRA DE DOMICÍLIOS*, 2006

PRODUTOS PARA TODOS

Apesar dos dados sobre desigualdade, alguns setores defendem que existe um acesso cada vez mais amplo à aquisição de bens. Para isso, tomam como base pesquisas que revelam **aumentos no padrão de consumo** em diversos estratos sociais. Em 2007, por exemplo, a classe C (composta por famílias com renda entre 4 e 10 salários mínimos) liderou o crescimento do consumo no Brasil, de acordo com o IBGE. A própria teoria do *marketing* vem dando cada vez mais destaque a estratégias e campanhas voltadas ao público de baixa renda.

Outro argumento normalmente apontado na defesa dessa tese é o que poderia ser classificado como uma **politização do consumo**. Assim, observa-se a formação de mercados constituídos em função de minorias – o que pode ser chamado de **consumo étnico** ou **comunitário**. São definidos produtos, formas de produção e mensagens que reforçam positivamente a figura política de grupos como negros, homossexuais, deficientes físicos, grupos religiosos e comunidades carentes.

UM EXEMPLO DE CONSUMO COMUNITÁRIO É A GRIFE DASPU, DE ROUPAS CRIADAS, FABRICADAS E COMERCIALIZADAS POR PROSTITUTAS. O NOME DA MARCA FAZ UMA BRINCADEIRA COM O DA LOJA PAULISTANA DASLU, DE PRODUTOS DE LUXO.

"LIBERDADE É UMA CALÇA VELHA, AZUL E DESBOTADA"

A frase acima foi criada para a campanha publicitária de uma marca de *jeans* na década de 1970. Associar liberdade ao consumo não era uma novidade na época: a ideia se tornara recorrente desde o fim da **Segunda Guerra Mundial**. Naquele momento, duas nações firmaram-se como polos do poder mundial: os Estados Unidos, liderando o chamado "**bloco capitalista**", e a União Soviética, à frente do "**bloco socialista**". Essa bipartição do mundo ficou conhecida como **Guerra Fria**, e o confronto entre os dois blocos se deu, principalmente, por meio da propaganda **político-ideológica**.

As mensagens soviéticas, de forma geral, atacavam o modo de vida ocidental e louvavam as figuras do trabalhador e dos governantes socialistas. A propaganda que defendia o modelo capitalista construía a ideia de que o sistema representava a liberdade, porque nele as pessoas eram livres para consumir e empreender.

Em 1959, o então vice-presidente norte-americano, Richard Nixon, chegou a afirmar em um debate de televisão que a liberdade em seu país poderia ser medida pela variedade de máquinas de lavar disponíveis aos consumidores locais.

Nas décadas de 1960 e 1970, quando estouraram os movimentos de contracultura – com os jovens reivindicando mais liberdade justamente nas nações capitalistas –, os anúncios publicitários incorporaram esses gritos de luta. Mas eles ganhavam novos sentidos: os conteúdos políticos originais eram esvaziados e, no lugar, eram oferecidos produtos para o segmento jovem. Itens como *jeans*, carros e motos passaram a simbolizar o "espírito libertário" da juventude.

A CULTURA DAS CÓPIAS

O termo "**cultura**" pode ser definido como o conjunto de produtos e processos sociais por meio dos quais os grupos e indivíduos transmitem conhecimento e constroem sentidos de permanência e identidade. Arte, ciência, educação, religião, hábitos, costumes, valores morais, linguagens e comunicação fazem parte da cultura nesse sentido mais amplo. Tradicionalmente, a cultura era dividida em dois tipos: **popular** (conjunto de práticas mais espontâneas, ligadas às vivências dos diversos grupos sociais) e **erudita** (produção pautada por valores estéticos e intelectuais das classes dirigentes).

A partir principalmente do século XIX, começa a ficar difícil de definir essa distinção entre popular e erudito. Os meios técnicos que permitem a reprodução de textos, imagens e sons possibilitaram que as manifestações culturais deixassem de ser objetos e acontecimentos únicos. Poderiam ser copiados em série e lançados no mercado.

Pense, por exemplo, na quantidade de objetos que você já deve ter visto com o retrato da *Monalisa*, obra-prima de Leonardo da Vinci. Se não fossem as técnicas de reprodução – que estampam a imagem em livros, pôsteres, camisetas, canecas, ímãs de geladeira...

–, essa peça seria acessível apenas às pessoas que podem visitar o Museu do Louvre, em Paris.

Os estudiosos chamam esse fenômeno de **massificação da cultura**: a produção cultural perde seu caráter local e passa a ser distribuída para um público mais amplo (de massa). É produzida dentro de uma estrutura indus-

ANTES DE EXISTIREM AS TÉCNICAS DE GRAVAÇÃO E REPRODUÇÃO, A MÚSICA SÓ PODIA SER OUVIDA AO VIVO, EM CONCERTOS E APRESENTAÇÕES. HOJE, A INDÚSTRIA CULTURAL NÃO CANSA DE DESPEJAR NOVIDADES NO MERCADO.

trial – a **indústria cultural** –, que tem como objetivo comercializá-la para gerar lucro. Cinema, TV, livros, revistas, rádio e todas as manifestações culturais de grande alcance são produtos dessa indústria.

A **cultura de massa** é marcada por paradoxos: se, por um lado, produz uma homogeneização dos conteúdos para facilitar o planejamento de vendas e atender à velocidade do consumo, por outro, é fácil reconhecer nela importantes espaços de criatividade e crítica. Mais: impõe valores ligados a culturas de grupos política e economicamente mais poderosos, mas também permite contatos e ricas misturas culturais, impensáveis antes de sua existência.

Não é correto dizer que toda a cultura moderna é de massa, ou seja, que obrigatoriamente passa pelos mecanismos industriais para sua produção e distribuição. Culturas locais sobrevivem dentro da lógica moderna – podendo ou não ser assimiladas pela indústria cultural. No Carnaval de Salvador (BA), por exemplo, as atrações dos trios elétricos, que foram formatadas para atrair multidões e gerar consumo, convivem com grupos menores, que se reúnem para resgatar a herança cultural africana.

Existe também uma cultura racionalizada de circulação restrita (que se aproximaria da ideia de erudito), mas que tende cada vez mais a aceitar contribuições populares e massivas – como o campo das artes mais experimentais.

COMPRAS EM TÓQUIO — SEM SAIR DE CASA

> "Aviso às Excelentíssimas Mães de Família!
> O
> **Armazém Progresso de São Paulo**
> DE
> **NATALE PIENOTTO**
> TEM ARTIGOS DE TODAS AS QUALIDADES DÁ-SE UM CONTO DE RÉIS A QUEM PROVAR O CONTRÁRIO"

CRIADO PARA A INTERNET NO ANO DE 2003, O MUNDO VIRTUAL **SECOND LIFE** MISTURA ENTRETENIMENTO E NEGÓCIOS E CHEGOU A ATRAIR MUITOS INVESTIDORES — MAS ALGUNS DELES ACABARAM PERDENDO DINHEIRO.

Com esse anúncio de jornal, o escritor modernista Antônio Alcântara Machado (1901-1935) começa o conto "Armazém Progresso de São Paulo", parte do livro *Brás, Bexiga e Barra Funda* (1927). A história gira em torno do cotidiano de um tipo de estabelecimento comercial muito comum na época: os **armazéns de secos e molhados**. O Armazém Progresso era "célebre em todo o Bexiga" e o "Natale não despregava do balcão de madrugada a madrugada". Esse tipo de comércio atendia aos bairros, e os balcões impediam o acesso direto dos fregueses às mercadorias: era preciso fazer o pedido ao balconista. Essas casas não serviam apenas para o consumo em si, mas funcionavam como ponto de encontro e de trocas de informações para toda a **vizinhança**.

Hoje, o balcão sobrevive apenas no pequeno comércio. Ao longo do século XX, o comércio passou por um processo de transformação e atualmente é definido pelas grandes redes de distribuição de produtos – muitas delas multinacionais. As lojas de departamento e os supermercados trouxeram uma nova dinâmica ao ato de consumir: o cliente tem acesso direto aos produtos, que são oferecidos aos montes, distribuídos em prateleiras que formam verdadeiros labirintos, onde o contato humano é cada vez menor.

O *shopping center* consolida essa forma de comércio marcada por mais **individualidade** e **impessoalidade**: nessas construções gigantescas, as escadas rolantes não se encontram, as vitrines se misturam, não sabemos se é dia ou noite, se chove ou faz sol. Essa desorientação causada pela arquitetura teria o efeito de deixar as pessoas mais propensas ao consumo por impulso.

A internet abriu mais uma porta para o consumo na vida das pessoas: o **comércio on-line**. Pela rede, é possível, por exemplo, encomendar uma famosa torta de chocolate na Áustria ou um CD em Tóquio sem sair de casa: um consumo cada vez mais sem fronteiras, ou **globalizado**. Possibilita também que compras e outras atividades financeiras aconteçam em meio a jogos e universos virtuais, acarretando gastos não planejados.

AS PROMOÇÕES SÃO UMA DAS ESTRATÉGIAS PARA INCENTIVAR O CONSUMO. MUITA GENTE COMPRA COISAS DE QUE NEM PRECISA SÓ PORQUE SE CONVENCE DE QUE O PREÇO É BOM.

CAPÍTULO *4*

Vovó vai casar!

As três olharam para a mala e ficaram em silêncio, como se a tivessem visto pela primeira vez. Transformada assim em centro das atenções, a mala tornou-se um objeto ainda mais inusitado. Agora que a haviam mencionado, e estavam olhando para ela, as três mulheres eram obrigadas a admitir que aquela mala enorme e fora de propósito estava mesmo ali. Tinham de parar de fingir que não existia.

Para deixar ainda mais clara sua existência, Isabel levantou-se do sofá, pegou a mala e a colocou no centro da sala.

Era realmente uma bela mala. Grande. A maior que devia haver. Luxuosa. Dois enormes zíperes prateados a dividiam em duas bandas: uma cinza com pequenos quadrados pretos e marrons; outra totalmente preta, com uma pequena linha contínua onde se lia repetidamente o nome da grife. Toda feita em couro, era mais um objeto, trazido por Isabel àquele apartamento, a transmitir poder, sucesso, riqueza, prestígio. Laura se perguntou como é que conseguiam colocar tantos predicados numa simples mala.

Agora que fora mencionada e recebida na realidade das três, não havia como tirar os olhos dela.

– Já sei! É uma viagem! – Laura se precipitou, querendo adivinhar, ou ao menos quebrar o silêncio. – Quando você entrou aqui com essa mala, eu pensei logo "Vão me fazer viajar"...

– Quase acertou... – Isabel sorriu, misteriosa.

35

O Preço do Consumo

Subúrbios são bairros ou áreas longe do centro da cidade. Historicamente, foram ocupados por populações mais pobres – à medida que a especulação imobiliária crescia e valorizava as regiões centrais, quem não tinha condições financeiras se deslocava para locais mais distantes. A partir das décadas de 1980 e 1990, condomínios de luxo também começaram a ser construídos em regiões suburbanas para os mais ricos poderem fugir do trânsito, da poluição, da carência de áreas verdes... Em algumas cidades, é mais comum referir-se a essas áreas urbanas mais distantes do centro como "periferias".

– Mas nessa novela agora eu estou novamente no núcleo pobre. Sou cabeleireira de **subúrbio**. Vou viajar de quê? De trem? Com essa mala aí de milionário?

Joana estava de olhos muito abertos, como se aquela fosse uma cena de novela.

– Eu queria explicar umas coisas – disse Isabel – antes de entrar no assunto da mala. O motivo dessa reunião de emergência...

– Eu sei que vou acabar entrando num avião... Olha só, já estou com as mãos suando!

– Para com isso, vó...

Isabel cruzou as pernas, apontou os joelhos na direção de Laura e assumiu um ar profissional:

– O que eu vim lhe propor é muito bom pra você, Laura. Pode acreditar. Aliás, é uma coisa de sonho. É o que todo ator deseja. É como ganhar na loteria.

– O que é? O que é? – Joana não conseguia se controlar.

Laura não queria que Joana participasse da conversa. Iria tratar de negócios com uma representante da empresa... Era preciso se mostrar reticente, não demonstrar tanto interesse...

– Posso falar francamente, não é, Laura?

– Claro.

– Como amigas...

– Como amigas.

– Tem muito dinheiro envolvido. Muito mesmo.

– Você está querendo dizer... na novela ou na vida real?

– Nos dois, Laura. Nos dois.

Depois daquela resposta enigmática e cheia de boas perspectivas, houve alguns segundos de silêncio, até Laura especular:

– Vou passar pro núcleo rico da novela?

– Vai.

– Que papo é esse de núcleo rico? – perguntou Joana.

Laura respondeu primeiro:

– Você assiste a tanta novela, menina... Não reparou que em todas elas tem uma parte dos personagens que são muito ricos e outra dos que são pobres? A gente chama de núcleo rico e núcleo pobre.

Vovó vai casar!

— Sua avó vai sair do núcleo pobre e entrar no rico! — Isabel anunciou.

— Mas já? — Laura desconfiou. — Não tem nem um mês de novela. É loteria. De novo? Só pode ser loteria.

— Não, você não vai ganhar na loteria. Não houve acordo com a Caixa Econômica. Este ano eles estão mais interessados em divulgar o **microcrédito**.

— Microcrédito? — Laura repetiu.

— É. Empréstimos pequenos, para os pobres. Fizemos então um contrato de *merchandising* com a Caixa Econômica... Algum personagem do núcleo pobre vai pedir um empréstimo e passar o resto da novela comentando como está sendo fácil pagar, as prestações não aumentam, os juros são baixos etc.

— O personagem é o meu?

— Não, Laura. O autor ainda não decidiu quem será, mas com certeza não é você. Para você nós preparamos algo bem maior. Muito maior!

— Conta! Conta! — Joana quase pulava na poltrona.

— Para pobre ficar rico em novela de repente... — Laura balançou a cabeça —, se não é loteria, só pode ser casamento!

— É. É casamento.

— Vovó vai casar?!

— Casamento... — Laura não acreditou. — Não é muito cedo? A gente só costuma casar no final da novela. Ainda mais na minha idade.

— Vovó... casando?

Laura já começava a se irritar muito com as interferências da neta. Por que ela não podia casar? Ainda não estava morta e enterrada!

— Acaba com o mistério, Isabel. Conta logo.

— Olha, Laura... Você não tinha reparado que o seu personagem era assim... como é que eu posso dizer... meio indefinido?

— É... mas eu aceitei... porque conheço o autor. Ele é um amigo maravilhoso... nós nos damos superbem. Tenho certeza de que o papel vai crescer muito... Tá vendo? Pelo visto vou até fazer um casamento maravilhoso e passar pro núcleo rico. Você já leu o *script*? Vou casar com quem? Você já sabe?

— É... Vovó vai casar com quem?

Microcrédito é uma linha de concessão de empréstimos de baixo valor destinada a pessoas e microempresas que têm dificuldade de acesso às formas tradicionais de crédito, pois não possuem bens para servir de garantia. Faz parte das políticas nacionais e internacionais de combate à pobreza. Um dos projetos pioneiros de concessão de microcrédito no mundo é o Grameen Bank, idealizado por Muhammad Yunus (foto), que em 1976 começou a oferecer empréstimos a famílias pobres em Bangladesh. Yunus e o Grameen Bank receberam o prêmio Nobel da Paz em 2006.

Script é a abreviação da palavra inglesa *manuscript* (manuscrito) e refere-se ao texto ou roteiro de uma peça teatral, filme, programa de rádio ou televisão.

O Preço do Consumo

Joana acompanhava a novela em que a avó trabalhava e não conseguia imaginar ela casando com nenhum personagem.

Isabel fez suspense.

– Ah, diz logo... Com quem vou casar? Você sabe mesmo?

– Sei. Você se casa daqui a vinte e três capítulos.

– Com quem? Com quem? – Joana dava gritinhos histéricos.

– Com o Talma.

– O Talma? – neta e avó gritaram ao mesmo tempo.

– Mas o Talma é pobre! – Laura lembrou. – É um motorista de táxi!

– É... – sorriu Isabel. – Mas ele é motorista de táxi porque vivia solitário e queria se aproximar do povo. Na verdade ele é um milionário.

– Ai, meu Deus – Laura sorriu. – De novo essa história de rico disfarçado de pobre. Mas o povo ainda cai nessa? Rico se disfarçar de pobre é uma coisa que nunca deve ter existido em toda a história da humanidade!

– Mas funciona sempre.

– O povo é muito burro.

– Fala mais do Talma – Joana pediu.

– Ele se disfarçou de pobre porque descobriu que não tinha amigos de verdade. Todos estavam de olho no dinheiro dele. Então ele quer procurar as verdadeiras amizades, desinteressadas. E acaba descobrindo o amor. Ele tem uma fortuna enorme. Vocês dois vão ter uma paixão fulminante.

– Semana que vem tenho uma cena com ele. Vou pegar o táxi.

– Aí começa... Vão se conhecer melhor. Você vai se interessar por ele, mesmo sendo um motorista de táxi velho e pobre. Vão se apaixonar e casar.

– Em quantos capítulos vai acontecer isso tudo?

– Quinze dias.

– Só?

– Estamos com pressa.

– Aí a vovó fica rica! – Joana começava a confundir a novela com a vida real.

– Mas acontece uma tragédia – Isabel anunciou.

– Logo vi. Estava bom demais.

– Pouco depois do casamento ele morre, e você fica com toda a grana. Aí entra pro núcleo rico e ainda fica com fama de boazinha, porque fez o

Talma conhecer o verdadeiro amor. Prepare-se para chorar muito, Laura. Mas depois vai rir. Não se preocupe. Vai passar o resto da novela rindo.

— Isso não vai dar certo.

— Vai sim, minha amiga. Sempre dá certo. O povo engole tudo.

— Mas não dava pra fazer uma coisa mais caprichada? O Talma não tem cara de rico de jeito nenhum. O rosto dele é de quem passou dificuldade na vida desde que saiu da maternidade.

— Foi o que o autor conseguiu, Laura. Coitado, ele teve pouco tempo. O contrato de *merchandising* só foi assinado há duas semanas. Estamos numa correria que nem te conto.

Laura sentia que se aproximavam do assunto principal. A mala.

— *Merchandising* de quê? — ela afinal perguntou.

— Uma coisa incrível — Isabel mais uma vez não entrou diretamente no assunto. — Uma ideia perfeita! A gente vem trabalhando nisso há uns seis meses. Por isso pedimos ao autor pra deixar alguns personagens meio indefinidos, como o seu. Pronto. Aconteceu. Fechamos os acordos. Agora é só deixar a engrenagem funcionar! É uma maravilha!

— O quê? O que é uma maravilha? — Joana não queria ficar de fora.

Isabel respirou fundo, preparando-se para afinal revelar o motivo da visita.

***

Outdoor é um meio para veicular anúncios publicitários em áreas ao ar livre com grande circulação de pessoas. Esses enormes cartazes são colocados normalmente em locais de grande visibilidade, como no alto de edifícios e à beira de avenidas e vias expressas.

O período noturno – principalmente a faixa entre 19 e 22 horas – é considerado o **horário nobre** da televisão no Brasil, pois é quando há maior audiência. As emissoras reservam para esses horários aqueles que consideram seus melhores programas. A veiculação de publicidade durante a noite é bem mais cara e responde pela maior parte do faturamento das emissoras.

CAPÍTULO 5

Antigamente era antigamente

– Vocês já viram os ***outdoors*** de malas que estão espalhados pela cidade inteira? – Isabel perguntou.
– Aqueles com uma mala em alto-relevo... e uma praia linda no fundo?
– E um gato maravilhoso de sunga! – Joana completou.
– É um modelo gostosíssimo – Isabel concordou. – Eu fui na sessão de fotos. Ficou perfeito. Viu como vocês duas lembraram do anúncio? Quem escolhe e compra malas são as mulheres.
– Eu lembrei por causa do carinha... – disse Joana.
Laura já não se aguentava de ansiedade. Não queria que as duas desviassem o assunto para rapazes de sunga.
– O que eu tenho a ver com o tal *outdoor*?
De repente lembrou que a mala em alto-relevo era igual à que agora estava no centro de sua sala. Antes, porém, que começasse a tirar alguma conclusão desse fato, Isabel pareceu acender-se por dentro e começou a falar, muito empolgada:
– Já demos o *start*! A ação foi lançada! Primeiro os *outdoors*. Semana que vem entram os comerciais, nos intervalos da novela. Vão ser três inserções, de trinta segundos cada. **Horário nobre**. Sabe o que é isso?
– Comercial de mala?
– É! De mala! Nunca foi feito nada tão grandioso com mala!
– Essa mala aí? – Joana apontou com o queixo.

40

Antigamente **era** antigamente

– É. Essa aí é o nosso carro-chefe. Mas há malas de todos os tipos.

– E eu? E eu?

Isabel olhou Laura nos olhos e finalmente abriu o jogo:

– Presta atenção, minha amiga... Vim aqui pra gente firmar um acordo de *merchandising*.

O momento chegara! A sala estava energeticamente carregada. Joana, de olhos muito abertos. Laura, com ar solene:

– Pode falar.

– Você é cabeleireira – Isabel resumiu. – Casa. Fica viúva. Os filhos do Talma não querem você misturada nas empresas da família. Então compram a sua parte. Você fica com uma fortuna.

– Tudo bem. O que eu faço?

– Pois é... Sem saber o que faz com tanto dinheiro, abre uma fábrica de malas.

– Fábrica de malas? Que bobagem. Por que diabos eu ia abrir uma fábrica de malas?

– Era o seu sonho.

– Meu sonho era ter uma fábrica de malas? Ninguém tem um sonho desses.

– Você tinha. Uma fábrica de malas.

– Mas eu sou cabeleireira... dona de um salão...

– Justamente. Era um personagem indefinido, pra gente poder negociar *merchandisings* com calma. Tentamos até encaixar você no ramo de xampus...

– Faria mais sentido. Meu sonho seria abrir uma fábrica de xampu.

– O mercado de xampus está saturado. Lembra aquele capítulo em que você diz que melhor do que xampu é lavar o cabelo com sabonete?

– Lembro. Achei aquela fala muito estranha.

– Foi uma tentativa de vender espaços para fabricantes de sabonetes, mas nenhum se interessou. Aí surgiram as malas.

– Bom... tudo bem, se o autor se compromete a manter a...

– Ah, ele se *compromete* sim... e como... Não quer outra vida... – sorriu Isabel.

– Haverá uma porcentagem para mim, claro... – Laura foi direto ao ponto.

> Na economia capitalista, o termo **"mercado"** é muito empregado e adquire vários sentidos. Usualmente, a palavra é mais utilizada para se referir ao conjunto de consumidores de um determinado segmento de produtos e serviços.

O Preço do Consumo

— É lógico. Tudo em contrato.
— Então está certo! Não vejo problema.

Isabel serviu-se de refrigerante. Joana lançou as pernas para cima dos braços da poltrona. Laura chegou a esticar as costas e relaxar no canto do sofá. Estava tudo concluído. A negociação fora muito mais fácil do que imaginava. Finalmente ia ganhar dinheiro com *merchandising*. Até então, sempre interpretando personagens do núcleo pobre, nunca tivera chance de vender algum produto. Malas... que seja!

— Só tem um detalhe — Isabel falou de repente, num tom de voz sem muita ênfase. — Uma bobagenzinha...
— Qual? — Joana e Laura perguntaram ao mesmo tempo.
— Você vai ter de assumir um compromisso com a gente.
— Um compromisso? Ah... claro... respeitar o contrato. Naturalmente. Sei como é.
— É. Um compromisso. Coisa à toa.
— Que compromisso? — Laura começou a ficar desconfiada.
— Por isso eu trouxe essa mala — Isabel continuou com seu tom displicente, como se o que fosse falar não tivesse a menor importância.

Laura não aguentou mais e desabafou:
— Isabel, desde que você chegou eu estava aqui imaginando... Pra que é que você trouxe essa mala? Fala, querida? Qual é o compromisso?

Isabel pegou um punhado de amendoins, mastigou, depois disse, como que casualmente:
— Você vai ter de entrar dentro dela.
— O quê?
— Você vai ter de entrar nessa mala, Laura. Só isso.
— Como é que é?
— Vó... ela disse que você vai ter de entrar dentro dessa mala aí – Joana repetiu, como se Laura fosse surda.
— Viu? — Isabel falou, olhando para Joana. — Eu disse que era uma bobagem. Uma coisa à toa.
— Você quer que eu entre dentro dessa mala?
— Pô, vó? Ainda não entendeu?
— Você quer que — Laura ia repetir, mas Isabel a interrompeu.
— Eu não. Foi o pessoal da **produção** que pediu. Faz parte da **promoção**.

Entende-se por **produção**, em rádio, televisão, cinema e teatro, as atividades que buscam recursos financeiros, materiais e técnicos para a realização do programa, filme ou espetáculo. Fazem parte da produção a busca por patrocinadores e/ou apoiadores, a construção de cenários, a confecção de figurinos e adereços e o contato com convidados.

Em *marketing*, as atividades de **promoção** têm como objetivo dar mais visibilidade a determinado produto, serviço ou marca. Pode envolver ações diversas: ofertas, eventos, concursos, distribuição de brindes, aparições em programas de rádio e TV, entre outras.

Antigamente era antigamente

— Que promoção?
— Ué... a que eu falei... os *outdoors*, os comerciais na tevê... o *merchandising*...
— É, vó.
Laura assumiu uma posição mais digna no sofá:
— Vocês ficaram malucos?
— O que foi? – Isabel se espantou.
Joana sentou-se direito na poltrona.
— Eu não entro dentro dessa mala! – Laura quase gritou. – Que loucura! Na minha idade. Não. De jeito nenhum. Não entro mesmo!
— Que é isso, vó?!
— Eu acho que cabe sim.
— Cabe, Isabel – confirmou a neta. – Vovó parece maior do que é. É magrinha e...

O Preço do Consumo

— Não é isso! — Laura gritou, afinal. — Eu estou dizendo que não entro porque não quero! Não admito!

As outras duas a olharam, sem entender.

— Ah... espera! Isso é uma pegadinha! — Laura riu.

— Pegadinha?

— Vocês vão fazer essa pegadinha comigo? Legal. Bem bolado. Vai ser onde? Num aeroporto? Ih, então toda essa história de *merchandising* também é mentira?

— Não é pegadinha, Laura. É tudo verdade. Você vai ganhar uma grana violenta. Todos nós. Vai ser maravilhoso pra todo mundo. Você só tem que entrar nessa mala. Foi pra isso que eu trouxe ela. Pra você fazer um teste. Preciso ver pessoalmente, para dar o OK ao fabricante. Tudo tem que dar certo. Os prazos estão estourando. Não temos tempo para quase nada. Eu queria que você entrasse nessa mala, Laura.

Isabel falou tudo aquilo de um jato só, agora com um tom de voz firme, impositivo. E ela e Joana ficaram esperando a resposta.

— Mas eu não estou acreditando! — Laura acabou falando e balançando a cabeça.

— Eu posso explicar.

— Faça o favor.

— Você já fez muita novela — o tom de Isabel agora era amável e conciliador. — Não preciso explicar como é que funciona o meu trabalho de *merchandising*... na prática...

— Não precisa, não.

— Então vou falar só do produto.

— A mala.

Todas as três olharam novamente para a mala, em pé no centro da sala, como um monumento a um deus desconhecido.

— É. A mala — Isabel confirmou solenemente. — Você já parou pra pensar, Laura, que a principal qualidade de uma mala, o que todo mundo deseja de uma mala, é que seja resistente?

— É claro.

— Ninguém quer uma porcaria de uma mala que arrebente no meio da viagem — acrescentou Joana. — Aconteceu isso com uma mochila que eu comprei no verão passado e foi o ó. Paguei o maior mico.

Antigamente era antigamente

– Pois é justamente isso. A resistência. Esse é o grande problema das indústrias de malas. Precisam fazer malas resistentes, mas quanto mais a mala é resistente, pior.

– Não entendi – Laura se esforçava para não ser implicante, mas não estava conseguindo.

– Uma indústria de malas finas, sofisticadas, caras, tem de produzir malas resistentes, não é?

– Sim – o tom didático de Isabel aumentava a irritação de Laura.

– Mas uma coisa que é resistente vai acabar durando muito, certo?

– Minha avó por parte de pai tem uma geladeira resistente – Joana ilustrou a fala de Isabel. – A geladeira dela tá durando mais de quarenta anos.

– Antigamente as coisas...

– Pois é, Laura... antigamente... antigamente! Hoje não dá, minha amiga. Se a fábrica produz uma coisa resistente demais, vai à falência. Hoje trabalhamos com o conceito de obsolescência. Obsolescência programada. Os objetos precisam estragar. Precisam ser trocados. Tudo tem um prazo de validade, senão as vendas empacam. Todos os industriais sabem disso. Só o setor de malas está defasado. Ainda faz **campanha** pra vender malas usando o argumento da durabilidade. Isso tem de acabar. E a gente vai acabar com isso. Pode ter certeza. Essa novela vai destruir a imagem da mala como uma coisa que precisa ser durável. E todos nós vamos estar contribuindo para mudar esse **paradigma**!

De vez em quando Isabel extrapolava e parecia estar numa reunião de executivos, traçando planos agressivos de campanha. Laura já estava ficando tonta com tudo aquilo:

– Vocês estão pensando no quê, afinal?

Isabel levantou teatralmente e se aproximou da mala.

***

Os anúncios publicitários das grandes empresas são organizados em **campanhas**, que reúnem várias peças divulgadas por diversos meios de comunicação, mas que apresentam um mesmo conceito (o tema da campanha) e visual similar.

Paradigma é um modelo ou um conjunto de padrões a serem seguidos em uma determinada área de conhecimento.

O **inconsciente**, de acordo com Sigmund Freud (1856-1939), é a parte mais profunda da mente humana. Nele ficam armazenados desejos, instintos e recordações que determinam o comportamento das pessoas sem que elas percebam por que estão agindo daquela determinada maneira.

Classe média é um segmento da sociedade capitalista que abarca uma ampla caracterização de indivíduos. Do ponto de vista econômico, tem poder aquisitivo para suprir as necessidades básicas e ainda ter acesso a atividades de lazer e cultura. É formada por assalariados com alguma especialização, pequenos proprietários e profissionais liberais.

CAPÍTULO 6

A cada viagem, uma mala

Isabel parecia outra pessoa. De pé, ao lado da mala, com o braço esticado na direção dela, como se estivesse falando para uma centena de altos executivos, anunciou a estratégia de campanha:

— A mensagem é: resistente, sim, mas não durável!

Avó e neta se olharam, sem compreender muito bem.

— É um novo conceito de mala, entendem?

— Não. Não entendo. Eu sou uma atriz — Laura lembrou.

— Deixa ela falar, vó.

Isabel deu uma volta completa em torno da mala.

— Com a novela, nós vamos vender a ideia de que a cada viagem a pessoa precisa comprar uma mala nova. Não vai ser muito complicado. Viagem já simboliza desejo de mudança, prazer, novidade. É só reforçar bem isso. Enfiar no **inconsciente** do povo. Da **classe média** para cima, claro. Por isso você vai passar para o núcleo rico. O que os ricos fazem, a classe média imita.

— E eu vou produzir as malas da novela? Essas que já estão nos *outdoors*?

— É, vó! É!

— Calma, Joana. Sua avó tem direito de perguntar.

Laura controlou-se. Odiava aquelas indiretas a respeito de sua senilidade. Isabel e Joana a estavam tratando como uma deficiente mental. Ela, uma grande atriz!

A cada viagem, uma mala

— Isso, Laura. Você produzirá essas malas. E o núcleo rico da novela vai comprá-las. E eles vão viajar bastante. Já acertamos *merchandisings* com companhias aéreas e agências de turismo.

— Demorô!

— Nem te conto, Joana. É uma megacampanha. Durante toda a novela os personagens ricos vão trocar de mala.

— Entendeu, vó?

— Eles vão deixar claro que é totalmente fora de moda repetir mala em viagens. Vão falar tanto sobre isso que o conceito vai passar para o núcleo pobre também, e pro povo na rua, claro. Os pobres não vão poder comprar malas novas toda hora... afinal, eles nem viajam... mas vamos criando a imagem de que quem fica repetindo mala não é rico de verdade. O rico precisa saber que os pobres estão reconhecendo sua riqueza. Trocar de mala toda hora virará um símbolo de *status*. E são os hábitos dos ricos que guiam a sociedade. Estão me entendendo?

— Vocês acham que vão conseguir isso... com malas?

— Claro, Laura! Não funciona com a roupa? Os pobres não reconhecem roupas caras? Eles sabem se a pessoa tem dinheiro pela roupa. O seu porteiro me mandou subir direto porque estou bem-vestida. Roupa é *status*. Você se imagina indo a duas festas seguidas com o mesmo vestido?

— Deus me livre! – disparou Joana.

— E você, Laura?

— Claro que não! Esse é o pesadelo de toda mulher!

Isabel, ainda de pé, apontou para as duas ao mesmo tempo, eufórica:

— Viram!? Viram a reação de vocês? Foi instintiva! É isso que nós queremos. Vamos transferir esse **reflexo condicionado** para o setor de malas! A cada viagem, uma mala! A cada viagem, uma mala! A cada viagem, uma mala!

— A cada viagem, uma mala! A cada viagem, uma mala... – Joana repetiu, como se tivesse sido hipnotizada.

— Muito bem. É assim que a coisa funciona! O autor já até bolou uma cena – Isabel confidenciou. – Uma porção de malas novinhas, como essa aí, rodando numa esteira de aeroporto, cada personagem pegando a sua. Aí a gente nota uma mulher esperando todo mundo ir embora pra pegar

Status é a posição de prestígio de um indivíduo aos olhos do grupo a que pertence. O *status* pode ser herdado, como o sobrenome de uma família influente, ou adquirido com base no mérito, na competência. Muitas vezes o consumo tem impacto no *status* dos indivíduos, pois a aquisição de bens é comumente vista como um meio para obter distinção social.

O fisiologista Ivan Pavlov (1849-1936) descobriu que as respostas do corpo dos animais e dos humanos não são todas inatas: podem ser aprendidas e modificadas conforme estímulos recebidos do ambiente (por exemplo, a salivação causada pela visão ou o aroma de um alimento). Pavlov deu o nome de **reflexos condicionados** a essas reações aprendidas.

O Preço do Consumo

a dela, que era a única mala velha. Ela tem vergonha da mala velha. A cada viagem, uma mala. A cada viagem, uma mala. A cada...

— Já entendi — Laura cortou, antes que a neta começasse a repetir aquilo. — Tudo bem. Eu não me meto no trabalho de vocês. Já entendi a filosofia da coisa. Só quero saber que negócio é esse de entrar nessa mala. Não posso me sujeitar a qualquer tipo de situação... Tenho um nome a zelar. Vou ser franca, querida... Apesar de reconhecer que é uma honra receber uma diretora de departamento na minha casa... isso por outro lado prova o quanto sou prestigiada na emissora, não é? E é justamente por causa desse prestígio que conquistei com meu trabalho que não posso me expor ao ridículo, compreende? Olha, a princípio não vou aceitar entrar em mala nenhuma, tá? Diga a eles que me recusei. Eu não estou aqui pra...

— A vovó tá nervosa.

— Joana, não se mete.

— Pô, vó... a Isabel tá explicando um lance dez.

— Trata-se do meu trabalho, Joana. Cabe a mim decidir. Você está...

— Você é que não quer...

— Eu tenho ideias próprias a respeito de como...

— Você já parou pra pensar que essas ideias próprias já não se usam mais? São coisas do passado?

— Menina, eu na sua idade não...

— Ah, vai começar com esse papo...

Enquanto as duas brigavam, Isabel tornou a se sentar, dessa vez mais perto de Laura, a ponto de poder pegar sua mão se quisesse, e adotou um ar bastante amigável:

— Calma, gente. Joana... sua avó tem razão. É o trabalho dela, que todos devemos respeitar. Ela é uma atriz consagrada, tem de zelar pela carreira. Não pode ir aceitando qualquer proposta assim... sem primeiro entender bem do que se trata. É a carreira dela que está em jogo.

— Naturalmente. Eu não sou um objeto, como essa mala.

— É por isso que eu estou aqui. Fiz questão de explicar pessoalmente à sua avó o que pretendemos fazer a respeito dessa mala.

— Tá. É que a vovó às vezes...

— Continue, Isabel.

— Você tem um currículo lá nos arquivos da emissora.

A cada viagem, uma mala

— Tenho. E daí?

— Um currículo extenso. Uma verdadeira biografia.

— Sou uma profissional com muitos anos de carreira. Uma carreira respeitável. Mais de sessenta anos dedicados ao...

— Foi criada num circo.

— Fui. Num circo. Tenho muito orgulho. Meu pai atirava facas na minha mãe.

— E você era contorcionista.

— Vovó era contorcionista? – Joana riu.

— Aonde é que você quer chegar? – Laura perguntou, seriamente desconfiada de qual seria a resposta.

Isabel falava com calma, segura como se estivesse lendo o currículo da atriz, que era quase um romance:

— Começou com nove anos. Você entrava num caixote de frutas.

— Vovó? É verdade? Você entrava dentro de um caixote? Não dá nem pra imaginar – Joana se divertia.

— Ela passava as pernas por cima da cabeça, os braços dobravam atrás das costas. A testa encostava na barriga.

— Jura?

— Eu vi uma foto, Joana. Impressionante.

— Nessa idade nossas articulações são muito maleáveis – Laura quis justificar-se, sem saber por quê. – É só uma questão de treino.

Isabel continuou:

— Aos doze, sua avó entrava na gaveta de cima de uma cômoda e saía na gaveta de baixo.

— Pô, vó! Irado!

— As gavetas do meio não iam até o fim!

— E havia o mágico. Ele serrava você ao meio dentro de um caixão, lembra?

— Você nunca me contou essas coisas, vó.

— As pernas que apareciam do outro lado eram falsas. Ninguém acreditava que eu cabia dentro da metade da caixa. Vocês sabem quantos anos tem isso?

— Aos treze – Isabel não parava –, mesmo já fazendo pontas no teatro, você ainda trabalhava no circo.

O Preço do Consumo

— Nunca escondi que...

— Eu achava que você só cantava e fazia truques com o mágico – Joana estava mesmo surpresa. – Mas contorcionismo...

— Naquele tempo, Joana, sua avó entrava numa mala menor que essa...

— Já entendi aonde você quer chegar! Foi daí que tiraram essa ideia maluca? O tempo passa, Isabel... Agora eu mal consigo entrar num carro sem gemer.

— Temos a foto de um cartaz do circo... *"Apresentamos o incrível truque da mala... com a maravilhosa contorcionista... Regina Fuegos..."*

— Regina Fuegos!... – Joana repetiu, já de joelhos na poltrona.

Laura sorriu, lembrou dos cartazes... *Regina Fuegos em O TRUQUE DA MALA*, e começou a cantarolar um bolero.

— Eles anunciavam sua avó como uma atração internacional... vinda diretamente do México!

— O México estava na moda naquela época... *"Diretamente del Méjico, el fenómeno Regina Fuegos, la major contorcionista de las Américas!"*... Era assim que seu Adolfo, o dono do circo, me anunciava! Bons tempos.

— *"Esta noche apresentando el gran espetáculo internacional El Truque de la Mala"*... Na foto do cartaz você está linda, o cabelo comprido...

— Demorô! – Joana abraçava uma almofada e ria.

Enquanto as duas riam, Laura se levantou, deu a volta no sofá, foi na direção da janela, lembrou-se da bala perdida, voltou e avançou para Isabel, apontando o dedo

— O que é isso? O que você tá fazendo? Chantagem emocional?

— Claro que não! – Isabel fingiu espanto, sem deixar de sorrir. – Que ideia, Laura. Calma. Não me interprete mal. Estou só querendo lembrar que você já entrou numa mala antes.

— Quinhentos anos atrás!

— A proposta que estamos fazendo a você não é nenhum absurdo.

— É! É absurda! Completamente absurda! Não é absurdo? Eu não entro numa mala há mais de sessenta anos! E nem pretendo entrar! Sou uma atriz famosa. Respeitada no meio. Que ideia mais estúpida!

— Vó, a Isabel só tá...

— E você cale a boca!

A cada viagem, uma mala

— Desculpe, Laura — Isabel falou, desta vez num tom de voz que lembrava o aço de uma espada muito afiada. — Não fale assim. Sabe quem teve essa "ideia estúpida"? Sabe?

— Quem? Só pode ter sido um completo idiota!

— Vó?!

— Pois sabe quem foi o "completo idiota"? Sabe?

— Quem? Fala logo! Quem foi o imbecil?

Isabel apontou para cima e disse, sinistramente:

— O "idiota" e "imbecil" foi o *homem*.

Laura ficou branca. Calou-se, pensativa, e tornou a sentar no sofá. Afundou como se pesasse duzentos quilos.

— O *homem*? – repetiu. – Tá brincando?

— O próprio, querida. Recebemos um comunicado oficial, assinado por ele.

— O *homem*... – repetiu mais uma vez, balançando a cabeça.

— Ei – reclamou Joana. – Não tô entendendo nada. Que diabo de *homem* é esse?

***

NAS TRAMAS DA PUBLICIDADE

Estima-se que somos expostos a uma média de trinta mil anúncios por ano, só na TV. Isso sem contar a publicidade veiculada pelo rádio, impressa em jornais e revistas, transmitida pelo telefone ou exposta de outras tantas maneiras nos ambientes por onde circulamos. Estamos tão acostumados que, na maior parte do tempo, nem nos damos conta da presença dessas mensagens.

A publicidade é a principal ferramenta de *marketing* utilizada pelas empresas. A função dela não é apenas divulgar produtos específicos, mas também incentivar a prática do consumo. Somos bombardeados o tempo todo por textos e imagens nos empurrando a consumir – não importa o quê.

As mensagens publicitárias pretendem ser **persuasivas**, quer dizer, têm o objetivo de convencer seu público a fazer alguma coisa – por isso usam tantos verbos no imperativo: "faça", "beba", "compre", "use", "experimente", "sinta"... As formas de construir a persuasão na publicidade são muitas e vêm se modificando ao longo do tempo.

Os primeiros anúncios publicados na imprensa brasileira eram muito diferentes dos que encontramos atualmente: eram bastante descritivos – parecidos com os classificados dos jornais de hoje. Ao longo do tempo, essas mensagens deixaram de veicular apenas informações sobre os produtos e passaram a tentar seduzir o consumidor, associando o produto ou a marca a certos sentimentos ou modos de vida. Assim, tudo o que envolve o consumo precisa ser apresentado de maneira positiva. Os aspectos negativos do produto ou da marca ficam de fora ou são mostrados por ângulos diferentes. Por exemplo: a publicidade raramente faz referência ao **processo de produção** das mercadorias anunciadas, pois o mundo do trabalho que as produz é, em geral, marcado por injustiças e contradições. Quando mostra esse universo, ele é positivo: os trabalhadores aparecem felizes e satisfeitos.

Um dos primeiros recursos de construção de um discurso na publicidade – e que continua sendo empregado até hoje – é o uso da imagem de celebridades. Esse tipo de anúncio é chamado de **testemunhal**, pois é como se o personagem famoso estivesse dando um testemunho favorável ao produto. Há outro tipo de anúncio testemunhal que utiliza como recurso de argumentação o "apelo à autoridade", quando um especialista aparece recomendando o produto: um dentista indica certo creme dental, um atleta elogia determinado modelo de tênis, um médico incentiva o consumo de um alimento específico...

Mais recentemente, os testemunhais vêm utilizando também relatos de "gente comum" – por exemplo, uma dona de casa opinando sobre um amaciante de roupa. Uma celebridade, um especialista, uma pessoa comum ou um personagem ficcional (um animal, um mascote) definem o

ATÉ HÁ POUCO TEMPO, AS PROPAGANDAS DE CIGARRO NÃO FALAVAM DOS MALES QUE O PRODUTO CAUSAVA À SAÚDE. DOIS DOS MAIS FAMOSOS GAROTOS-PROPAGANDA DE CIGARROS, DAVID MCLEAN (NA FOTO) E WAYNE MCLAREN, MORRERAM DE CÂNCER DO PULMÃO.

núcleo do "bem" na mensagem, o lado positivo. Mas, para essa construção ficar clara, é preciso eleger um "inimigo", o lado do "mal" – não obrigatoriamente uma pessoa: pode ser um defeito, um medo ou qualquer outra coisa a ser combatida. Num anúncio de sabão em pó, por exemplo, a sujeira é o "vilão", e o produto vira o único herói capaz de combatê-la.

Para nos proteger de todas as "ameaças" que, em boa parte das vezes, ela mesma cria, a publicidade apresenta como saída o excesso de produtos, a **fartura**. A imagem da escassez representa o horror, pois seria a nossa fraqueza diante dos "inimigos". Por isso, nos anúncios, as geladeiras e os armários aparecem sempre abarrotados, só para citar um exemplo.

A tensão entre os dois polos (positivo/negativo) é muito marcante. Nos textos publicitários, é comum o uso de **antíteses**, uma figura de linguagem que conjuga, na mesma frase, dois termos opostos: "poucas calorias, muito sabor", "pequeno por fora, grande por dentro", "mais por menos".

Nas fotografias e nos filmes publicitários, são usadas técnicas para ressaltar qualidades visuais. Os alimentos parecem mais apetitosos, as pessoas retratadas estão sempre impecáveis – retocam-se a textura da pele, as formas do corpo, o brilho dos cabelos –, e os ambientes combinam cores e luzes que os deixam mais amplos, mais aconchegantes, mais imponentes, mais bonitos... São imagens que mostram situações **idealizadas**, ou seja, apresentam uma combinação de elementos tão calculada que seria impossível encontrar algo equivalente na vida cotidiana. São cenas que não devem parecer irreais, mas que só são possíveis na imagem – chamadas de "**simulacros**".

Apresentar ideais é uma forma de criar desejos: somos instigados a querer o que nos mostram como "perfeito". E são tantos os padrões que tentam nos vender: de beleza, comportamento, modos de vida... A juventude, por exemplo, há muito é explorada pelos meios de comunicação de massa. Nos anúncios, a beleza e o bem viver são apresentados por quem é ou aparenta ser jovem. Quando o público-alvo é mais velho, frequentemente os produtos prometem trazer de volta a ju-

ATÉ O FINAL DA DÉCADA DE 1960, A MULHER SÓ APARECIA EM ANÚNCIOS EXERCENDO AS FUNÇÕES DE MÃE OU DE ESPOSA. HOJE, OS ESTEREÓTIPOS AINDA SÃO MUITO USADOS NA PUBLICIDADE, MAS A QUANTIDADE DE PAPÉIS DISPONÍVEIS É MAIOR.

ventude perdida. Desta forma, valores como o amadurecimento e a experiência são renegados em favor do "novo".

Nesse universo "jovem", a felicidade é constante. Todos sorriem, tudo é vibrante, tudo passa segurança. E as angústias, as dúvidas que marcam a juventude? Raramente aparecem. Esses personagens que seguem rigorosamente um padrão – jovens, bonitos, bem-vestidos, saudáveis, felizes, competentes, seguros, cheios de amigos – são o que chamamos de **estereótipos**. Figuras que também só existem como uma ideia, pois jamais encontraremos um ser humano sequer com todas essas características. Mesmo assim, a publicidade não cansa de prometer que, se comprarmos o que ela anuncia, alcançaremos essa "perfeição".

A UTILIZAÇÃO DE UM PADRÃO ÚNICO DE BELEZA NA PUBLICIDADE VEM APRESENTANDO DESGASTE, E ESTRATÉGIAS DE MARKETING MAIS SOFISTICADAS COMEÇAM A EXPLORAR UM NOVO IDEAL: O DA DIVERSIDADE DE ESTILOS E TIPOS FÍSICOS.

VAI REGULAR?

No Brasil, a publicidade é quase toda **autorregulamentada** – ou seja, quem decide seus limites éticos são os próprios profissionais da área. Existem campanhas da sociedade civil que clamam por mais restrições e até a proibição da publicidade de bebidas alcoólicas, tabaco, armas de fogo e remédios. Há também entidades brasileiras que brigam pela regulamentação da publicidade voltada a crianças – alegam até que já existem leis que a proíbem no país, embora não sejam aplicadas. Diversos países têm regulamentação nesse sentido. Na Irlanda, Itália e Dinamarca, por exemplo, é proibida a veiculação publicitária durante a programação infantil das televisões, e na Suécia e na Noruega não é permitido nenhum tipo de publicidade destinada a crianças de até 12 anos.

A ARTE É POP!

Embalagens de alimentos, histórias em quadrinhos, celebridades, logomarcas... Esse universo foi a matéria-prima para umas das manifestações artísticas mais importantes do século XX: a **Arte Pop**.

O estilo surgiu na década de 1950, na Inglaterra, com as colagens do artista **Richard Hamilton** (1922-). Sua proposta era fazer uma arte integrada ao cotidiano da sociedade bombardeada por objetos de consumo e pela cultura de massa. O modelo para os artistas *pop* foi a classe média norte-americana, com suas casas cheias de eletrodomésticos e comida enlatada.

A Arte *Pop* cruzou o Atlântico e ganhou mais visibilidade justamente na sociedade que lhe serviu de inspiração. Artistas norte-americanos – como **Andy Warhol** e **Roy Lichtenstein** – utilizaram materiais e técnicas que remetiam à indústria e à publicidade: tinta acrílica, poliéster, látex, colagens, serigrafia, fotocópia... Para representar a ideia de opulência que dá base ao consumismo, as obras *pop* eram em geral carregadas: os artistas usavam cores intensas e exageravam na quantidade ou no tamanho dos elementos – uma lata de aspargos com cerca de um metro de altura ou um enorme painel em que podem ser contadas 200 latas de sopa, por exemplo.

A ARTE "ERUDITA" APROXIMA-SE DA CULTURA DE MASSA: CENAS INSPIRADAS NAS HISTÓRIAS EM QUADRINHOS SÃO UMA MARCA REGISTRADA DO ARTISTA NOVA-IORQUINO ROY LICHTENSTEIN (1923-1997), UM DOS ÍCONES DA ARTE POP NORTE-AMERICANA. A TELA SE CHAMA GAROTA CHORANDO E FOI PRODUZIDA NOS ANOS 1960.

A TELA QUE VIROU VITRINE

Pessoas sugadas pelo vídeo, deformadas, transformadas em máquinas ou em pura imagem: assim o diretor de cinema canadense David Cronenberg apresentou sua visão apocalíptica (e escatológica) da alienação provocada pela televisão em *Videodrome: a síndrome do vídeo* (1983). De forma menos grotesca, o filme *O show de Truman* (1998), de Peter Weir, abordou a confusão entre o real e a imagem televisiva: um *reality show* como exemplo do simulacro perfeito.

A televisão é o meio de comunicação que atinge o maior número de indivíduos em todo o planeta. Esse poder suscita muitos questionamentos sobre o seu papel no mundo contemporâneo, já que a TV acaba ditando mudanças no modo de vida das pessoas.

Pesquisas indicam que boa parte da sociedade, principalmente crianças e jovens, gasta mais tempo na frente da TV do que em qualquer outra atividade. Segundo estudo de 2005 do instituto Eurodata

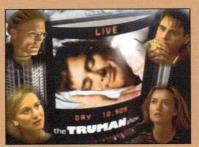

NO FILME *O SHOW DE TRUMAN*, JIM CARREY VIVE O PERSONAGEM-TÍTULO, QUE TEM UMA VIDA ABSOLUTAMENTE PERFEITA. SÓ ELE NÃO SABE QUE TODA ESSA PERFEIÇÃO É ARTIFICIAL: DESDE QUE NASCEU, SUA VIDA É UM *REALITY SHOW* ASSISTIDO POR MILHÕES DE PESSOAS.

TV Worldwide, são os japoneses que passam mais tempo em frente ao aparelho: cerca de cinco horas diárias. Esse tempo é subtraído de atividades familiares, educacionais, culturais, esportivas, comunitárias e até das horas de sono.

Assistir à televisão não exige concentração – ao contrário: passamos boa parte do tempo pulando de um canal a outro (o *zapping*). Além disso, a própria linguagem dos programas explora mais a repetição e a fragmentação do que a reflexão.

No Brasil, a TV já foi chamada de "máquina de fazer doido", e sua **força alienante** foi cantada pela banda Titãs (no disco *Televisão*, de 1985): "A televisão me deixou burro, muito burro demais".

A televisão já nasceu vinculada ao sistema da publicidade e do consumo. Na década de 1950, a TV Tupi, primeira emissora brasileira, colocava no ar diariamente moças bonitas – as **garotas-propaganda** – apresentando comerciais ao vivo em blocos de até meia hora. Esses anúncios chegavam a fazer mais sucesso do que o restante da programação.

Também se tornou comum a inserção de marcas e produtos dentro dos programas – o **merchandising**. E, mesmo quando não há menção a mercadorias específicas, é constante a valorização do consumo. Seriados, novelas, *shows* de auditório, desenhos animados e eventos esportivos são grandes disseminadores de estilos de vida e de desejos consumistas. Além disso, o mercado despeja uma infinidade de produtos licenciados inspirados em atrações da televisão. Nem mesmo os programas produzidos ou veiculados por emissoras públicas e educativas ficam de fora desse filão. Mas isso não quer dizer que todos os programas de TV sejam vazios de outros sentidos. Alguns deles são bem originais e carregados de espírito crítico.

SERIADOS VOLTADOS PARA O PÚBLICO JOVEM, COMO *THE O.C. – UM ESTRANHO NO PARAÍSO*, AJUDAM A DIFUNDIR PADRÕES DE BELEZA E COMPORTAMENTO. E, É CLARO, TAMBÉM SERVEM PARA INCENTIVAR O CONSUMO DE PRODUTOS.

A ENCENAÇÃO DA "REALIDADE"

As celebridades da mídia sempre foram as grandes impulsionadoras do consumo cultural. Mas a incrível capacidade que a sociedade de consumo – em especial a indústria cultural – tem de transformar e criar "modas" quebrou a antiga barreira. Um dos principais filões do mercado da comunicação hoje é justamente o que explora as chamadas "histórias reais", com "gente de verdade".

Banalidades que marcam a vida cotidiana de pessoas até então "anônimas" são inseridas em programas de TV ou publicações, mas de maneira arranjada para atender a formatos definidos. Assim, as narrativas apresentadas – supostamente não roteirizadas e com "atores" que representam a si mesmos – tendem a parecer mais espontâneas do que os programas de ficção convencionais.

Na televisão, há uma profusão de **reality shows** que mostram "pessoas reais" confinadas, reformando suas casas, competindo por um emprego, aprendendo a lidar com os filhos, passando por uma transformação no visual... No topo das listas de livros mais vendidos estão os manuais de autoajuda, que dão conselhos sobre amor, carreira, família, questões espirituais, muitas vezes utilizando histórias de gente que conseguiu mudar de vida. No Reino Unido, os tradicionais jornais de "fofocas" sobre celebridades perdem espaço para publicações semanais que trazem histórias "reais" enviadas por seus leitores – alguns títulos chegam a vender mais de 1 milhão de exemplares em uma única semana.

NOS ÚLTIMOS ANOS, OS REALITY SHOWS OFERECEM "SOLUÇÕES" PARA OS MAIS DIVERSOS PROBLEMAS DAS "PESSOAS COMUNS": DESEMPREGO, EXCESSO DE PESO, FALTA DE CHARME, VONTADE DE SER ARTISTA, SOLIDÃO, CASA CAINDO AOS PEDAÇOS...

RECEITA DE FELICIDADE

O romance *Ser feliz*, do escritor canadense Will Ferguson, faz uma crítica cheia de humor e cinismo à obsessão pela felicidade criada pela sociedade de consumo. O personagem principal da história é o editor Edwin Vincent de Valu, que se vê pressionado a editar um livro de **autoajuda** escrito por um misterioso guru que vive nas montanhas e atende pelo nome de Tupak Soirée. O livro alcança um sucesso estrondoso, pois, ao seguir os conselhos de Soirée, as pessoas começam a de fato atingir a felicidade. Seus leitores vão ficando impassíveis aos apelos da publicidade e largam o cigarro, o álcool, as drogas e o *fast-food*. Em vez de ceder ao consumismo, vão meditar nas montanhas e reatam laços comunitários. Só que, para Edwin, essa mudança de comportamento em grande escala pode representar o fim do mundo.

O QUE ACONTECERIA SE UM LIVRO DE AUTOAJUDA REALMENTE OPERASSE MILAGRES? NO ROMANCE SER FELIZ, ISSO DEIXA O MUNDO DE PERNAS PRO AR.

CULTURA EM REDE

De acordo com dados de 2008 do Internet World Stats, um *site* que reúne estatísticas sobre a rede mundial de computadores, quase 1,5 bilhão de pessoas no mundo têm algum tipo de acesso à **internet**. É o meio de comunicação de massa que mais cresce em número de usuários, alcance e variedade de usos. Pesquisas identificam que muitas pessoas vêm reduzindo o tempo que costumavam destinar a outros veículos de comunicação para se dedicar mais à rede.

Surgida em plena Guerra Fria para auxiliar na troca de informação entre militares norte-americanos, a internet (então chamada ARPAnet) passou, na década de 1980, a ser utilizada por universidades e centros de pesquisa para intercâmbio científico. E foi nos anos de 1990 que se transformou em um canal de comunicação mais amplo – a partir da criação da World Wide Web (www), a rede que conhecemos hoje.

A importância da internet hoje, principalmente entre os jovens, também gera reflexão sobre o papel da rede na definição de novos comportamentos. De um lado, existem questões sobre um possível **isolamento** dos indivíduos, pois a tecnologia de comunicação funcionaria como uma blindagem contra contatos e relacionamentos mais consistentes com outras pessoas. No Japão, há algum tempo, existe a figura muito estigmatizada dos *pasokon otaku*, jovens tão fanáticos por computadores e novidades tecnológicas que se isolam em casa com suas máquinas. Outro dado é que a percepção de tempo na internet é alterada – não é difícil se perder por horas navegando na rede sem se dar conta disso –, o que poderia gerar certo tipo de alienação, bem como deixar os indivíduos mais volúveis ao consumismo.

Mas não se pode negar que o meio vem criando possibilidades inéditas para trocas de **informação**. A facilidade de inserção de conteúdos transformou todo indivíduo com acesso à rede em um potencial produtor de mensagens – o que acontece de maneira muito mais restrita nos outros meios de comunicação de massa. As informações podem circular muito mais livremente pela internet, abrindo novas perspectivas para o contato e a aproximação cultural entre indivíduos e grupos.

Vale uma ressalva: o acesso à rede ainda é muito **desigual**. Só para ter uma ideia, nos Estados Unidos, 71,9% da população utilizam a internet. Em Angola, essa média não chega a 0,2%, ainda segundo o Internet World Stats.

PAÍSES COM MAIOR NÚMERO DE USUÁRIOS DE INTERNET (%)

FONTE: INTERNET WORLD STATS, 2008 © 2001-2008, MINIWATTS MARKETING GROUP

NÚMERO DE USUÁRIOS DE INTERNET POR PAÍS (EM MILHÕES)

FONTE: INTERNET WORLD STATS, 2008 © 2001-2008, MINIWATTS MARKETING GROUP

INTERNET NO BRASIL

Pessoas com acesso à internet em casa	Tempo médio de acesso à internet por mês	Usuários que utilizam o comércio on-line
23,1 milhões	23h48min por pessoa	13,1 milhões de pessoas

FONTE: IBOPE/NETRATINGS (2008)

A "ALMA" DO NEGÓCIO

Profissionais de *marketing* definem que sua principal missão não é vender produtos, mas "fixar" marcas – o que eles chamam de **branding** ou "gestão de marca". Hoje o principal patrimônio das corporações não são as fábricas, o maquinário, os estoques ou os funcionários, e sim as marcas. Tanto que os executivos de *marketing* as consideram a "alma" dos objetos.

Um *jeans* pode ter sido fabricado aqui no Brasil, na China, na Alemanha, na Malásia ou na Turquia. Em uma pequena oficina ou em uma grande linha de montagem. Por costureiras treinadas e dignamente remuneradas ou por trabalhadores semiescravizados. Pela lógica que rege os grandes negócios, tanto faz – desde que eles tenham etiqueta. Para muitos consumidores, poder exibir uma **logomarca** justifica pagar preços exorbitantes. O que desejam não é propriamente a calça, mas o nome estampado da grife e o que ela representa em termos de *status* social.

O objetivo de um plano de *branding* é dar um nome próprio a produtos genéricos. Para conseguir isso, deve inserir a marca no cotidiano das pessoas, por meio da publicidade e de outros expedientes, de forma que ela se torne sinônimo de determinado modo de vida.

Uma intensa campanha nas décadas de 1960 e 1970 buscou convencer mães do mundo todo que "ser moderna" era dar alimentos processados como o leite em pó aos seus bebês, em vez do leite materno – que é gratuito e muito mais saudável. Essa mensagem foi divulgada não apenas pela publicidade, como também por profissionais da saúde que eram contratados para recomendar certas marcas de alimentos desde a maternidade.

De lá para cá, alguns limites foram colocados a esse tipo de ação, porém o *marketing* das empresas busca a cada dia novas abordagens para destacar suas marcas. Uma indústria de brinquedos pintou uma rua inteira de cor-de-rosa (não só as casas, mas o chão, as árvores, cachorros, carros) para "fixar" a marca de uma boneca. Uma grife de roupas se associou a um seriado de televisão para adolescentes. Uma marca esportiva fundiu sua imagem com a de celebridades do esporte. Isso só para citar alguns exemplos.

O encanto das marcas não é apregoado apenas para aqueles que têm alto poder aquisitivo: essas mensagens se espalham por todos os estratos sociais. Não é à toa que os tênis de grife estão entre os itens mais visados nos assaltos. Além disso, o comércio de produtos falsificados – que têm sua produção ligada a organizações criminosas – não para de lucrar, impulsionado pelo fascínio que as marcas exercem.

NÃO É SÓ QUEM TEM DINHEIRO QUE SE PREOCUPA EM OSTENTAR MARCAS CARAS E FAMOSAS. PROVA DISSO É O LUCRATIVO COMÉRCIO DE PRODUTOS FALSIFICADOS, LIGADO A ORGANIZAÇÕES CRIMINOSAS.

O DESAFIO — LUIS FERNANDO VERÍSSIMO

Um publicitário morreu e, como era da área de atendimento e mau para o pessoal da criação, foi para o Inferno. O Diabo, que todos os dias recebe um *print-out* com o nome e a profissão de todos os admitidos na data anterior, mandou que o publicitário fosse tirado da grelha e levado ao seu escritório. Queria fazer-lhe uma proposta. Se ele aceitasse, sua carga de castigos diminuiria e ele teria regalias. Ar-condicionado etc.

— Qual é a proposta?

— Temos que melhorar a imagem do Inferno — disse o Diabo — Falam as piores coisas do Inferno. Queremos mudar isso.

— Mas o que é que se pode dizer de bom disso aqui? Nada.

— Por isso é que precisamos de publicidade!

O DIABINHO ACIMA NÃO É PUBLICITÁRIO, MAS FAZ PARTE DE UM ANÚNCIO PARA VENDER VINHOS DO SÉCULO RETRASADO. O PÔSTER, CRIADO PELO ARTISTA FRANCÊS GEORGES MEUNIER, EM 1898, FAZ PARTE DO MUSEU DA PUBLICIDADE DE PARIS.

O publicitário topou. Era um desafio. E as regalias eram atraentes. Quis saber algumas das coisas que diziam do Inferno e que mais irritavam o Diabo.

— Bem. Dizem que aqui todos os cozinheiros são ingleses, todos os garçons são italianos, todos os motoristas de táxi são franceses e todos os humoristas são alemães.

— E é verdade?

— É.

— Hmmm — disse o publicitário. — Uma das técnicas que podemos usar é a de transformar desvantagem em vantagem. Pegar a coisa pelo outro lado.

Sua cabeça já estava funcionando. Continuou:

— Os cozinheiros ingleses, por exemplo. Podemos dizer que a comida é tão ruim que este é o lugar ideal para emagrecer. Além de tudo, já é uma sauna.

— Bom, bom.

— Garçons italianos. Servem a mesa pessimamente. Mas cantam, conversam, brigam. Isto é, ajudam a distrair a atenção da comida inglesa.

— Ótimo.

— Motoristas franceses. São mal-humorados e grosseiros. Isso desestimula o uso do táxi e promove as caminhadas. É econômico e saudável. Também provoca a indignação generalizada, une a população e combate a apatia.

— Muito bom!

— Uma situação que não seria amenizada pelos humoristas. Os humoristas, como se sabe, não têm qualquer função social. Eles só servem para desmobilizar as pessoas, criar um clima de lassidão e deboche, quando não de perigosa alienação. Isto não acontece com os humoristas alemães, cuja falta de graça só aumenta a revolta geral, mantendo a população ativa e séria. O alívio cômico é dado pelos garçons italianos.

— Perfeito! — exclamou o Diabo — já vi que acertei. Quando podemos começar a campanha?

— Espere um pouquinho — disse o publicitário. — Temos que combinar algumas coisas, antes. Por exemplo: a verba.

— Isto já não é comigo — disse o Diabo. — É com o pessoal da área econômica. Você pode tratar com eles. E aproveitar para acertar também o seu contrato.

Com isso o Diabo apertou um botão do intercomunicador vermelho que havia sobre a sua mesa e disse:

— Dona Henriqueta, diga para o Silva vir até a minha sala.

— Silva? — estranhou o publicitário.

— Nosso gerente financeiro. Toda a nossa economia é dirigida por brasileiros.

Aí o publicitário suspirou, levantou e disse:

— Me devolve pra grelha...

(CRÔNICA DE LUIS FERNANDO VERÍSSIMO, EXTRAÍDA DO LIVRO *A MÃE DO FREUD*. PORTO ALEGRE: L&PM, 1985. P. 93.). © BY LUIS FERNANDO VERÍSSIMO

CAPÍTULO 7

É tudo fachada

As duas olharam para a menina como mães preparadas para contar que o Papai Noel não existia. Foi Isabel quem explicou:

— O *homem* é o dono da emissora. O dono de tudo. O patrão de todos nós.

— É ele que quer que eu entre na mala? — Laura caía em si, como se recebesse o veredicto de prisão perpétua.

— É?

— Por quê, meu Deus? Por quê?

— Ele acompanhou todo o processo... a mala... o *merchandising*... Aí ele leu o seu currículo, Laura, e teve a ideia... Ele mesmo teve a ideia, minha amiga. Já imaginou isso?

— O *homem*... mas por quê? Por quê? — ela repetia, como em uma tragédia grega.

— Capricho, Laura. Você sabe que o *homem* é cheio de caprichos. Ele pode.

— Vou fazer ele mudar de ideia. Vou falar com ele.

Isabel pegou as mãos de Laura e as aconchegou nas suas.

— Minha querida... sei como você se sente... mas ninguém "fala" com o *homem*. Ele não é acessível. Você sabe muito bem disso.

— Eu dou um jeito. Eu...

— Sabe como é que eu gosto de imaginar o *homem*? Lá em cima, tranquilo, sedutor, só afiando sua espada, pronto pra cortar as nossas cabe-

O Preço do Consumo

ças. Dizem que ele é muito calmo. Ele nem precisa mais ser político. Não faz nada contra a gente. Ele só nos abandona. Só isso.

Laura começou a chorar. Joana pulou da poltrona e se ajoelhou junto à avó, colocando as mãos sobre as de Isabel. Ficaram as três de mãos juntas.

– É. Ele esquece a gente, Laura – Isabel falava mansamente, como quem anuncia uma desgraça à qual já se acostumou. – Ele não é mau. Nem é indiferente. Ele é só inatingível. Não é um sujeito que a gente pode abordar, encontrar num corredor. Ele nem tá em sintonia com a humanidade.

– Mas eu não posso me sujeitar a entrar numa mala... na minha idade...

– Você não quer satisfazer um capricho do *homem*? Não quer fazer esse pequeno sacrifício? Tudo bem. Ele não fará nada contra você. Vai esquecê-la. Aí você acaba, Laura.

– Não...

– Você não imagina como pode perder o pé rápido. Não imagina como a queda é vertiginosa...

Laura controlou o choro e livrou suas mãos das outras quatro:

– Para! Para com essa conversa! Eu não estou chorando por isso. Ele não manda em mim!

– É claro que manda. Olha, eu juro que não era minha intenção me aproveitar de...

– Eu não vou entrar nessa porcaria dessa mala!

– Mas, Laura, você tem que entrar!

– Não entro!

Joana voltou assustada para a poltrona. Nunca tinha visto sua avó naquele estado. Não podia compreender por que todo aquele escândalo para entrar numa simples mala.

Isabel cruzou os braços. Até ali havia se controlado, tinha sido amável, usado a **persuasão**... mas então perdeu a paciência e se empombou:

– Não tem hipótese de você não entrar nessa mala!

– Vá à...

– Vó! Que é isso?

– Laura, preste bem atenção! Se você não entrar nessa mala, você está

> **Persuasão** é o efeito, por meio de um discurso, de convencer alguém de alguma coisa. Relaciona-se diretamente com a retórica – conjunto de regras e expedientes que definem a arte da eloquência, ou seja, do uso eficiente das palavras, da boa argumentação.

É tudo fachada

acabada! Sai da novela! O autor mata seu personagem! Nunca mais você trabalha na televisão! Você sabe disso! Para de fazer cena! Isso aqui é a vida real!

Pronto. Isabel havia decidido deixar as coisas claras. Acabar com a hipocrisia. Não saíra do trabalho para ir pessoalmente à casa daquela velha para ouvir um *não* como resposta, depois de todo o trabalho de *marketing* que...

— Não entro em mala nenhuma! NÃO ENTRO! Eu sou uma atriz importante! Sessenta anos de carreira! Não preciso me sujeitar a...

— Importante? Você acha que é o quê? A bala que matou **Kennedy**? Cai na real, Laura! Ninguém mais é "importante"...

— O que você está insinuando?

— Quer saber? Quer? Olha em volta!

— Que que tem?

— Olha esse prédio. Um porteiro bêbado. Interfone quebrado.

— Estão consertando.

— Quantos por andar? Uns oito. Tem garagem?

— Tem vaga pra alugar, se eu precisar!

— Querida... você quer enganar a quem? Um apartamento em frente à favela...

— Já disse que...

— Não vem com esse papo de "laços afetivos com o lugar"... Ninguém se apega a bala perdida.

— Não é toda noite...

— Foi ali que a bala entrou, foi? E você estava onde? Vendo essa tevê de vinte e uma polegadas de mais de quinze anos? Sentada nesse sofá de crediário? Tomando seu uísque nacional que você botou dentro da garrafa importada pra enganar as visitas?

— Você está me desrespeitando!

É. Isabel estava desrespeitando sua avó, mas Joana não podia deixar de concordar. Precisavam de uma tevê nova... Ela sonhava com aquelas grandes, de tela plana **LCD**... Várias colegas suas já tinham... Ela nem chamava mais as amigas pra assistir a um DVD ali porque tinha vergonha daquela tevê ridícula... e daqueles móveis de pobre também... E como é que Isabel sabia da enganação que sua avó fazia com o uísque?

John F. Kennedy (1917-1963) foi o 35º presidente dos Estados Unidos (1961-1963). Em 22 de setembro de 1963, durante um desfile em carro aberto na cidade de Dallas, Kennedy foi atingido por dois tiros e morreu pouco depois. Ele é considerado o político que primeiro soube usar os meios de comunicação de massa, principalmente a televisão, na construção de sua imagem pública, transformando-se em um dos maiores ícones da cultura de massa de seu tempo.

Os monitores de cristal líquido ou **LCD** (sigla de *liquid crystal display*) utilizam um líquido polarizador de luz comprimido entre duas lâminas de vidro transparente, proporcionando imagens de maior qualidade.

O Preço do Consumo

Joana teve vergonha de não ter dinheiro para comprar coisas mais modernas. Teve vergonha de mostrar sua pobreza na frente de Isabel.

– Não estou não, amor – Isabel continuou, mais mansa. – Não estou te desrespeitando, não. Não mesmo. Ao contrário. Estou querendo ser franca. Quero me abrir com você. Olha pra mim... vamos abrir nossos corações. Quer saber a verdade? Eu também tô na pior. É por isso que eu sei como é que é. É tudo fachada. Meu filho me pede as coisas, sabia? Eu pago aluguel, sabia? E preciso comprar essas roupas. Isso aqui custa uma grana! E os perfumes? Têm que ser franceses. E não posso chegar numa reunião com qualquer carro. Os caras ficam na janela só pra ver com que carro a gente chega. Um quarto do que eu ganho vai para as prestações do carro.

Joana se espantou. Não era assim que imaginava a vida de Isabel. Ficou um pouco confusa. Com toda aquela presença, e as roupas e acessórios caros, Isabel dava a impressão de não ter problema nenhum, que tudo havia dado certo na vida dela. Bom, mas se os objetos de consumo caros serviam para esconder a realidade, já valia a pena comprá-los.

– Não tenho nada a ver com a sua vida! – cortou Laura.

– Tem sim, minha amiga. Por acaso tem, sim. E muito. Se você não entrar nessa mala, eu vou ser despedida!

– Verdade? – Joana tornou a abraçar a almofada.

– Despedida.

– Isso é uma loucura!

– É, Laura. Loucura! Que seja! Mas foi um capricho do *homem*. E quem não atende aos caprichos do *homem* está fora do jogo! Você sabe disso!

– Meu Deus. Que mundo.

– O capricho dele chegou para mim por *e-mail*. Fui designada pra convencer você a entrar nessa droga dessa mala. Se você não entrar nessa mala, alguma cabeça vai ter que rolar, e vai ser a minha.

– Vamos tentar falar com o *homem*! Nós duas!

Isabel pulou do sofá, agitada, esfregando as mãos, andando em círculos em volta da mala.

– Caramba, Laura! Será que você não se toca? Se você não entrar nessa mala, eu perco meu emprego! Perco o plano de saúde empresarial! Paro de pagar o aluguel! Fico doente! Meu filho vai virar menino de rua!

É tudo **fachada**

O banco me toma o carro! Cortam a luz, o gás, o telefone! Vou dormir embaixo do viaduto!

– Não exagera! Você arranja outro emprego.

– Não arranjo, não! Cada emprego agora é o último!

– Você está...

– Gente é uma coisa que já ficou **supérflua**! Gente agora é só um incômodo! Você quer que eu chegue amanhã na emissora e diga que a grande estrela das novelas se recusa a entrar na mala?

– Não se trata de...

– Tá legal. Eu digo que você não quer entrar na mala. Que a sua dignidade não permite! Sabe o que vai acontecer? Amanhã mesmo vai ter uma fila de atrizes querendo entrar nessa mala! Vai ter gente até disposta a passar um mês aí dentro. Se criarem um *Big Brother* inteiro dentro dessa maldita mala, milhões e milhões de pessoas vão se inscrever para se espremer aí dentro pelo tempo que for preciso! Enquanto isso, nós duas não vamos ter nem uma meleca de uma mala pra morar!

– Mas eu não vou caber aí dentro! – Laura gritou. – Eu tenho artrite!

Isabel correu para Laura e agarrou suas mãos. Estava quase de joelhos:

– Tente, Laura. Pelo amor do meu filho. Tente. Tente. Por favor.

Laura ficou constrangida. A cena era patética. Aquela alta executiva da emissora implorando para que ela entrasse em uma mala. A neta a olhando como se fosse culpada por um ato criminoso.

Elas... elas não podiam compreender que Laura não conseguiria entrar numa mala... Havia um mistério que não podia contar. Como explicar que... Elas achavam que o problema era só a dignidade de uma velha atriz. Não. Havia outro motivo. Um motivo muito mais sério!

Sentiu-se mal. Ia ter uma crise de pânico. Não suportava mais aquela mulher segurando suas mãos. Queria se livrar dela... que a deixassem em paz... E foi então que fez a bobagem de dizer... sem querer... como se as palavras saíssem da sua boca sem controle... sabia que estava cometendo um grande erro... mas falou:

– Digamos que eu... tente.

O rosto de Isabel se iluminou. A neta abriu um sorriso.

✳✳✳

> **Supérfluo** é o que está além das necessidades, liga-se à ideia de abundância ou excesso. O que é necessário varia em cada sociedade. Há grupos que precisam de muito pouco para sobreviver. Na sociedade de consumo, em que novas necessidades surgem a cada dia, tudo o que seria supérfluo é rapidamente transformado em vital.

CAPÍTULO *8*

O circo voltou

Laura tinha dito aquilo só para se livrar da pressão de Isabel. Em seguida, para que não pensassem que havia sido manipulada, quis ser um pouco cínica:

– É. Vamos dizer que eu tente. Quanto eu receberia por isso?

Isabel, com um sorriso luminoso pregado no rosto e uma expressão de *agora-estamos-falando-a-minha-língua*, foi até a mala, abriu o fecho de uma pequena bolsa externa, tirou lá de dentro um envelope pequeno e o deu para Laura, como se fosse um tratado de paz irrecusável.

Laura colocou os óculos de leitura e passou um minuto lendo.

Isabel, controlando a ansiedade, foi até a janela.

– Cuidado – Joana a advertiu. – Não fica de bobeira aí não.

Isabel recuou, ainda sorrindo, e tornou a sentar-se no sofá.

Enquanto Laura lia e assumia uma expressão de espanto crescente, Isabel trocava olhares cúmplices com Joana. Desde o começo sabia que a menina seria sua aliada. Era uma adolescente que cheirava a *shopping*, louca para cair de cabeça no maravilhoso mundo do consumo desvairado e, para isso, precisava do máximo de dinheiro possível... que era exatamente o que uma executiva como Isabel com um belo contrato de *merchandising* poderia levar àquela casa de classe média baixa...

– Isso tudo, é!? – Laura não conteve o espanto. – Em oito meses?

– Fora as **vendas conexas**, querida. E outros *merchandisings* futuros,

Vendas conexas ou cruzadas são uma estratégia de *marketing* que consiste em oferecer produtos relacionados àquele que o consumidor demonstra intenção de consumir. Exemplos: a quem vai a uma loja comprar uma bolsa, são oferecidos chaveiros e carteiras; no supermercado, ao lado das prateleiras com molhos de tomate, são colocadas várias opções de queijo ralado e utensílios para servir macarrão.

O circo voltou

que não se podem prever. Quando uma campanha dá certo, muitas empresas querem aderir.

– Sei...

– Quanto? Quanto? – Joana dava pulinhos na poltrona. – Posso ver? Posso ver?

Laura estendeu o envelope para a neta, que pulou para pegá-lo como um peixe faminto morde a isca.

– Puxa! Nossa... vó! O que que é isso?

Laura lançou um sorriso sem graça para Isabel. O entusiasmo de Joana era ingênuo e pouco profissional. Não se deve mostrar tanta alegria assim numa primeira proposta. É preciso sempre negociar. Tentar conseguir mais.

– É grana pra caramba, tá ligada?!

Laura queria matar a neta. Agora não havia clima para tentar cobrar mais pelo uso de seu personagem no *merchandising*. Conformou-se. No fundo, Joana tinha razão: *era grana pra caramba!*

Pena que iria perder tudo aquilo. Simplesmente era impossível. Não podia entrar numa mala!

– Você vai passar para o núcleo rico – lembrou Isabel. – Pode receber uma grana também de objetos de decoração, bebidas finas, indústrias automobilísticas... Você sabe... o contrato com o fabricante de mala não impede que você assuma outros compromissos.

– Naturalmente...

– Você receberá muitos brindes também. Passagens aéreas com acompanhante, por exemplo.

– Com acompanhante! – Joana gritou.

– E malas. Muitas malas!

– Imagino.

– Seu personagem vai ditar moda. Você sabe o que é isso. Usar objetos de desejo. Influenciar pessoas. Convites para pré-estreias. Tapetes vermelhos. Joias. Prestígio. Mesas reservadas. Áreas **VIP**. Luxo. O mundo efervescente. Você vai saber a maneira certa de pensar. Conhecer as pessoas certas.

Os olhos de Joana pareciam correr o risco de saltar das órbitas e sair quicando em cima da mesa de centro.

– Sei como é isso. Eu já...

VIP é a sigla da expressão inglesa *"very important person"* (pessoa muito importante). É usada para se referir a indivíduos de grande prestígio ou a ambientes para uso exclusivo dessas pessoas.

O Preço do Consumo

— Desculpe, Laura... mas não sabe, não. Você nem tem ideia...
— Por que está falando isso?
— Esta campanha da mala é grande demais. Você nunca entrou numa parada assim.
— Você não sabe de...
— Sei sim, Laura. Desculpe. Estou de peito aberto, falando como amiga... Você estava parada há quatro anos, antes dessa novela de agora.
— Já falei que fiz essa opção porque...
— Vamos jogar limpo. Opção coisa nenhuma. Até as portas lá da emissora sabem que você estava na geladeira.
— Não é verdade!
— Nem vão renovar o seu contrato.
— O que você está dizendo?

Joana assistia apavorada à volta das desavenças, apertando o envelope nas mãos como a um pássaro que não queria deixar escapar.

O circo voltou

Isabel parecia muito segura, agora que mostrara o montante do dinheiro envolvido, e quis aproveitar o momento para acabar de vez com toda e qualquer resistência que Laura ainda pudesse ter quanto a entrar na mala.

— É isso que você ouviu, minha amiga. Não vão renovar seu contrato. Depois dessa novela, vão te mandar aquela cartinha carinhosa dispensando seus serviços, Laura. E aí, você sabe... nunca mais.

Aquela era uma perspectiva tão cruel para uma atriz de 74 anos que ela, em vez de se sentir ofendida, quis mais informações.

— Verdade?

— É verdade sim, Laura. Desculpe a franqueza. O departamento de *marketing* tem acesso aos contratos dos atores. Não queremos associar a imagem do produto de um cliente a um ator na lista negra ou prestes a ser dispensado. Essa mala aí é a sua única saída.

As três olharam para a mala, num silêncio respeitoso.

Para Laura, aquela mala significava uma bifurcação em seu destino. Entrar ou não entrar nela decidiria que rumo sua vida ia tomar.

Joana lançou para a avó um olhar desesperado. Ainda agarrada ao envelope contendo o futuro de grana e consumo ilimitado, pedia com cada centímetro de seu corpo que Laura aceitasse o acordo, aceitasse tudo, sem restrições... que entrasse na mala, ou em qualquer coisa que Isabel pedisse, numa gaveta, numa caixa de fósforo, dentro de um tênis velho!

A outra opção era o **desemprego** definitivo da avó. A miséria. A pobreza. A porcaria de vida que era não poder comprar as coisas!

Você-não-pode-fazer-isso-comigo, diziam os olhos da neta.

— Isabel...

— Pode me chamar de Bel, Laura.

— Bel... Vamos dizer que eu concordo.

— Maravilha! Graças a Deus! Maravilha!

— Legal, vó! Legal!

— Calma, Joana. Bel... quero dizer... de repente eu estou fazendo tempestade em copo d'água.

— É. Tá sim. Uma tempestade enorme, pra um copinho de água. Sabe, eu nunca ia imaginar que você resistisse tanto a entrar numa simples mala. Pra salvar meu emprego, eu toparia entrar até numa frasqueira, numa sacola de supermercado...

Emprego é uma atividade econômica baseada no vínculo empregatício, ou seja, há um contrato com carteira de trabalho assinada. Em tese, quem não tem emprego estaria na situação de **desemprego**. Mas há cada vez mais o subemprego, que é a obtenção de renda com atividades da chamada "economia informal" (como os vendedores ambulantes, catadores de papel e "bicos" em geral).

O Preço do Consumo

Gênero televisivo dos mais populares – e que por muito tempo foi o carro-chefe da programação de algumas emissoras –, o **programa de auditório** tem origem no rádio. O formato é definido pela presença de uma plateia que interage com variadas atrações: música, brincadeiras, jogos, quadros de humor, danças, entrevistas etc. No rádio brasileiro dos anos 1930-40, eram comuns as transmissões ao vivo de *shows* de cantores profissionais e calouros. Mais tarde, o gênero migrou para a televisão e se diversificou. Chacrinha (foto), nome artístico do apresentador Abelardo Barbosa (1917-1988), é um grande personagem dos programas de auditório brasileiros.

— Eu confio no autor. Ele vai criar uma cena pra mim... alguma coisa na trama... que justifique eu entrar em uma mala...
— Não...
— E é claro que isso deve acontecer num capítulo só... uma situação rápida...
— Não... Laura...
— ... porque é claro que o meu personagem, uma milionária, não vai ficar entrando em malas toda hora... Eu fui uma boba. Desculpe por criar tanto caso. Onde eu estava com a cabeça... Como será uma cena gravada, nem preciso entrar na mala de verdade, não é? Eles fazem algum truque... uma mala cenográfica... com fundo falso. É! Vai ficar uma cena bacana!
— Não.
— Eu entro numa mala dessas, num determinado capítulo, e pronto. Já sei! Claro! Vou pedir para usarem um dublê! Nossa... por que criei tanto caso, Bel? Me desculpe.
— Não.
— Não o quê?
— Você não vai entrar na mala... na novela.
— Como assim?
— Escuta, Laura. É só um detalhe. A ideia foi do *homem*. A ideia toda, compreende? Não esquece. Ele mesmo a achou fantástica. Não se pode contrariar o *homem*.
— O que você tá dizendo? Eu vou entrar na mala onde? Quando?
— Calma, meu bem. Vai ser rápido. É uma vez só e pronto.
— ONDE!?
— O *homem* mandou a gente levar você num **programa de auditório**.
— O QUÊ!?
— Calma. Num domingo. Aquele tipo "essa é a sua vida"... depoimentos de parentes... dos amigos... emoção, choro... bastante *close*...
— NUNCA! DE JEITO NENHUM!
— Espera, vó... deixa ela falar...
— Já está agendado... daqui a quatro semanas. Tomamos a liberdade... entende, Laura... Foi ideia do próprio *homem*. Ninguém pode ser contra.
— Vocês não...

O circo voltou

— Pois é... Conseguimos até achar o circo.

Aquilo foi demais para Laura.

Ela cobriu o rosto com as mãos.

Joana se sentia paralisada na poltrona, esperando pela catástrofe.

Isabel continuou a falar, como se aquela parte fosse mesmo um mero detalhe na campanha, mas sabendo que não era, que na verdade agora é que iam começar as dificuldades de verdade:

— Você sabia que ainda tem muita gente viva daquela época, Laura?

Arrependeu-se do que disse. Laura era uma das que "estavam vivas", e isso não era exatamente um elogio.

— O pessoal antigo é muito resistente... As pessoas duram bastante... como a geladeira da sua avó, Joana...

Não estava indo nada bem. Agora comparava a geração de Laura com geladeiras velhas. Mas não podia parar.

O Preço do Consumo

— O circo mudou de nome e de dono, sabia? Ainda corre as cidades do interior. Instalam-se nos campos de futebol. Têm até um leão velho. Eles pegam vira-latas de noite pra alimentar o leão...

Isabel sentia estar afundando cada vez mais. Laura não tirava as mãos do rosto. Podia até estar chorando. Não dava para ver.

— Conseguimos vários depoimentos, Laura. Pagamos bem. O engolidor de fogo ficou emocionado de verdade. Ele está velhinho, com a pele curtida de tanto fogo. Ele ainda lembrava de você entrando na mala. O anão também continua por lá. Ele lembra que fazia umas imitações de caixotes de frutas, um pouco maiores do que o normal, para você entrar. É um sujeito muito divertido. Vocês acreditam que ele me deu uma cantada?

As tentativas de irradiar bom humor foram um fracasso. Isabel achou mais prudente desistir. Melhor voltar a falar em dinheiro.

Laura, porém, abaixou as mãos e mostrou o rosto. Estava banhado em lágrimas.

— Bel... Joana... Eu não posso fazer isso... Eu simplesmente não posso entrar nessa mala... Juro...

***

CAPÍTULO 9

Pessoas obsoletas

–Que é isso, querida. Pode sim. Pode sim.

– É, vó. Você vai conseguir. Conte com a gente. – Joana colocou o envelope sobre a mesa de centro, bem à vista.

As três estavam no sofá. Uma de cada lado fazendo carinho em Laura, que continuava a chorar e repetia, baixinho:

– Ao vivo. Em rede nacional. Pro país todo. Impossível. Juro.

Isabel sorriu para a neta, por sobre os ombros da avó.

– Não é incrível? Já tá tudo no esquema! Que visibilidade, meu Deus! Vai ser uma volta à infância. Em pleno domingão. Depoimentos comoventes do pessoal do circo. Depois ela entra na mala. Lindo!

Laura gemia:

– Não posso... não posso...

– Imagina, vó... todos os seus amigos de infância... rever o pessoal do circo... depois a sua geração do teatro vai fazer elogios...

– Isso! Elogios! Elogios!

– Minha mãe vai aparecer. Ela vai amar! Falar de você, de como foi boa mãe!

– Você também vai gravar entrevista, Joana.

– Eu?

– Claro! A neta linda! A neta que ama a avó! Que mora com ela! Maravilhoso!

– Tá ouvindo, vó? Vou contar pro Brasil todo como eu gosto de você!

O Preço do Consumo

Audiência é a quantificação do número de pessoas que assistem a programas de rádio e televisão. No Brasil, a principal instituição que realiza a medição de audiência é o Ibope, uma empresa que presta serviços na área de pesquisa.

— E bonita do jeito que a sua neta é, na certa vão chamar pra trabalhar em alguma novela!

— Será?

— Com certeza. Aparecer no programa de maior **audiência** da emissora! Sabe o que é isso? Sabe quanto custa um segundo de comercial nesse horário? Sabe quanto o fabricante dessa mala vai pagar só nesse domingo? O quadro todo vai durar vinte minutos! Uma fortuna, Laura!

— Tá ouvindo, vó?

— Uma quantia inimaginável! E você já vai ganhar uma porcentagem disso, Laura... acho que 5%! Imagine só que sucesso! Vai alavancar a sua carreira! Depoimentos comoventes. As pessoas que te ajudaram no início da carreira de atriz, os seus amigos de palco, trechos dos filmes que você participou...

— Demorô! Vai ser dez, vó!

— Vamos entrevistar vizinhos, todos dizendo como você é uma pessoa maravilhosa, grande amiga, humilde, batalhadora... essas coisas... Aparecem o engolidor de fogo e o anão. Ao vivo. Você se emociona, chora muito, finge que não sabe que eles iam aparecer. Não os vê há sessenta anos. Mais fotos do circo, do seu cartaz como Regina Fuegos... Aí trazem essa mala e você entra nela!

Laura não parava de chorar e de gemer. Só conseguia repetir:

— Não posso... não posso...

— Pode... claro que pode... pode sim... – consolava a neta.

— E para o domingo seguinte já programamos uma ida a um orfanato – Isabel usava toda a sua artilharia. – Um pouco de campanha beneficente. É muito bom para fixar a imagem. O amor ao próximo dá um brilho especial à campanha. A Igreja sabe como isso é bom. Depois você fará uma doação a algum circo **mambembe**... bastante divulgação sobre isso... Não se preocupe, a doação será dedutível do imposto de renda.

Isabel então foi até a mala. Estava na hora de fazer o teste. Foi para isso que trouxera aquela mala idiota. Ela correu as mãos pelos dois zíperes, abrindo a mala no meio da sala, como a concha de um marisco.

Isabel ficou ao lado da mala aberta, como um caçador orgulhoso junto de sua armadilha:

— Sabe como eu costumo pensar? As novelas são vitrines. Eu sou uma

Mambembes são artistas amadores itinerantes – de teatro ou circo – que percorrem cidades do interior com espetáculos de tradição popular, sem muitos recursos de produção.

vitrinista. Os idiotinhas dos telespectadores sentam e ficam esperando nossas dicas do que comer, beber, vestir, como amar... A gente embrulha tudo em capítulos... Nossas dicas são sofisticadas... Olha só essa mala... couro sintético de primeira... E essas costuras? Olha quantas divisões internas... E esses fechos? Isso parece até prata. Que luxo! Venha... Entra aqui, Laura! Entra!

Ficou satisfeita. Havia dito aquilo com tanta firmeza que poderia ter convencido um passarinho a entrar na arapuca.

– Joana... ajude sua avó.

A menina fez isso. Ergueu o braço de Laura e a levou lentamente até a mala.

Laura deixou-se conduzir. Sentia-se velha. Muito velha.

– Não... Não! Não!

– Vem, minha amiga. Vem sentir como é acolchoada por dentro. Puxa, isso é que é mala.

As duas colocaram Laura em pé, dentro da mala aberta, como uma inválida que precisava ir ao banheiro.

– Nessas horas eu me sinto realizada, sabia? – Isabel confessou. – Sou uma privilegiada. Trabalho com arte. A arte do convencimento. Modéstia à parte...

– Eu não... eu não posso, gente... De verdade... não façam isso comigo... por favor...

Isabel não ouvia mais ninguém. Estava radiante de alegria, preparando a mala para receber sua cliente, afastando as tiras elásticas do interior, colocando os pés de Laura bem no centro de uma das bandas. E falando para si mesma:

– Primeiro a informação... descrever o produto... mostrar as vantagens... Depois a persuasão... juntar a necessidade com o desejo... A gente tem de convencer a pessoa que relações afetivas fantásticas podem acontecer se ela tomar determinado leite desnatado. Não é fácil, sabiam? Ajude sua avó a ficar de joelhos.

Joana começou a pressionar os ombros da avó para baixo, enquanto Isabel segurava seus calcanhares.

– Isso, Laura... devagar... vamos... um teste rápido, para saber se precisamos fazer modificações na mala.

O Preço do Consumo

Pessoas obsoletas

Laura sentia a pressão das mãos de Joana cada vez mais forte em seus ombros. De repente teve muita raiva da neta.

— Pare com isso, menina! – gritou.

Sacudiu o corpo, livrando-se das duas, e sentou na poltrona.

— Não entro nessa mala de jeito nenhum!

Isabel disse um palavrão e sentou no sofá.

Joana fez o mesmo.

As duas estavam furiosas.

Laura sentiu o olhar da neta condenando sua atitude, mas estava irredutível:

— Podem desistir. Não entro nessa mala nem por todo o dinheiro do mundo!

Isabel preparou-se para começar tudo de novo. Ia tornar a falar, voltar aos **argumentos**, afinal acabara de elogiar seu próprio dom de convencer as pessoas... Mas, de repente, quem começou a falar foi Joana.

— Você é egoísta!

— O quê, menina?

— Egoísta, vó. Uma grande egoísta é o que você é!

— Não fale assim comigo, Joana!

— Só pensa em você!

— Eu não posso fazer tudo o que a emissora manda! Não posso aceitar qualquer capricho idiota do patrão! Eu tenho dignidade!

— Tem. Tem dignidade. Ah, é. Tem dignidade, mas não tem um fogão que preste! O forno não acende! A porta da geladeira não fecha! As gavetas do meu armário estão caindo! Grande dignidade!

— O que dignidade tem a ver com fogão e geladeira? Você já nem sabe o que é dignidade! Dignidade não é um objeto! Dignidade é autoridade moral! Honestidade! Respeito a si própria!

— Que mané respeito! Mané moral! Eu tenho vergonha de ir pra escola com aquele tênis!

— Mas ele não tem nem seis meses!

— Seis meses! Já não se usa mais tênis com cano alto! Tô pagando o maior mico! E o meu celular? Parece um tijolo! Se ele toca, eu nem atendo, de vergonha! Eu quero um com câmera! Todo mundo tem!

— Mas você não precisa seguir a moda como uma...

Para convencer, é preciso argumentar, ou seja, apresentar provas ou elementos que, de alguma maneira, reforcem a ideia defendida. As provas e os recursos de convencimento são os **argumentos**. A estrutura básica de um texto argumentativo (ou opinativo) é composta por: introdução (apresentação da tese ou opinião defendida), desenvolvimento (os argumentos) e conclusão (amarração dos argumentos e retomada da tese).

O Preço do Consumo

— Precisa sim, Laura. Ela é adolescente... – Isabel interferiu. – Tem que estar antenada com...

— Minha avó vive no século XX! Para ela as coisas têm de durar a vida inteira.

— Como eu já disse, tudo tem um prazo para se tornar obsoleto, senão ninguém vende nada.

— Inclusive pessoas! – gritou Laura.

— É. Pessoas também são uma espécie de produto. Um ídolo musical moderno, por exemplo, tem prazo de validade.

— Minha avó acha que pode viver fora do mundo!

— Eu não me vendo!

— Porque ninguém quer comprar!

— Joana!

— Cai na real, vó! Entra nessa mala! O que custa? A gente precisa de dinheiro! Vamos comprar roupas novas pra gente! Uma tevê LCD! Eu quero um *laptop*! Tenho uma amiga que leva o dela pra aula, é *show*! Eu preciso urgentemente de um iPod! MP3 genérico não dá mais! Quero um *jeans* da Diesel! Um tênis da Nike! Uma mochila da...

— E eu quero um tradutor! Para! Para! Eu não vou perder minha dignidade por causa de um aipode, seja lá o que for isso! Eu construí uma carreira de atriz respeitável! Nunca aceitei papéis que manchassem minha imagem!

— Que imagem, vó? Que imagem? Você tava sem trabalho há um tempão. Vivia reclamando. Conseguiu o papel na novela... Agora oferecem um *merchandising* e não aceita? Qual é?

— Eu não disse que não aceito o *merchandising*! Só não entro dentro de uma mala ao vivo, pra todo o Brasil ver, num programa idiota de domingo! O que vão dizer? Aquela velha faz qualquer coisa para aparecer, coitada!

— Não é bem assim – Isabel tornou a se meter. – Hoje em dia as pessoas dão valor justamente aos que fazem tudo para aparecer. São consideradas espertas. Agora chamam de "exposição à mídia". Você sabe quanto ganha um assessor de imprensa só para fazer seus clientes aparecerem constantemente na mídia?

— Viu? Minha avó tá vivendo do passado!

— Se dignidade e **ética** são coisas do passado...

A **Ética** é uma das divisões da filosofia, que estuda, entre outras questões, os princípios de conduta necessários para a convivência em grupo. Agir de forma ética é não pensar apenas no próprio bem, mas também refletir se uma determinada atitude não prejudicará o restante da sociedade.

Pessoas obsoletas

— O conceito de ética mudou muito.

Isabel tinha essa frase pronta para quando alguém falava de ética na frente dela. Quando a palavra "ética" aparecia num papo de *marketing*, era só para estragar o negócio.

— Você fica defendendo essa tal de ética enquanto eu não tenho uma bolsa decente pra sair à noite! – Joana gritou. – Isso é egoísmo!

— Você é que é uma egoísta que quer que sua avó entre numa mala só para satisfazer seu consumismo! Nunca tá satisfeita com o que tem!

— Eu não tenho nada!

— Não diga isso! É um pecado!

— Não vem com aquele papo das criancinhas na África!

— É só consumir, consumir! Você não pensa em outra coisa?

— O consumo tem que ser irracional – era outra frase pronta de Isabel, muito usada em reuniões de trabalho. – Pensar não é bom na hora de comprar. O consumo tem que ser um **impulso** inconsciente.

— É isso que te traz felicidade, Joana? Comprar coisas? Imitar a classe alta?

— Eu não quero *imitar* a classe alta! Eu quero *ser* da classe alta! Se você entrar nessa porcaria dessa mala...

— Você, na sua idade, tão nova e já com esses **valores elitistas**... Por que o tênis tem que ser importado? Por que a calça tem que ser de grife? Que besteira! Vai chegar o dia em que as pessoas vão comprar só as etiquetas, sem produto nenhum... As modelos vão entrar nas passarelas enroladas em etiquetas enormes!

— Boa ideia – Isabel anotou mentalmente.

— Eu, na sua idade...

— Não, vó! Não quero ouvir mais nada! Você não entende? Ou entra na mala, e a gente leva uma vida normal, tendo as coisas, ou não entra na mala e ficamos ainda pior do que estamos!

— Eu não vou trocar sessenta anos de trabalho digno por um ingresso para o fascinante mundo da sociedade de consumo. Não, Joana. Minha decisão está tomada: eu não entro nessa mala!

Joana levantou, olhando a avó com ódio, deu as costas e foi para o quarto, batendo a porta com violência.

***

> Em psicanálise, **impulso** é uma inclinação da mente humana para realizar uma ação sem pensar nem medir as consequências.

> **Valores elitistas** podem ser entendidos como crenças, costumes e traços ideológicos definidos pelas elites e que expressam seus interesses e sua visão de mundo.

ANGÚSTIAS DO CONSUMO

Compulsão por compras é doença? Alguns médicos e psicólogos consideram que sim. E a patologia tem até nome: **oneomania**. Já existe tratamento – inclusive grupos de autoajuda que usam métodos semelhantes aos dos Alcoólicos Anônimos.

Psicólogos afirmam que o consumismo pode criar um tipo de dependência parecida com a de drogas ou álcool, só que sem ingestão de substâncias químicas – por isso, dificilmente é visto como um problema a ser tratado. O consumidor compulsivo só se satisfaz quando adquire o produto que deseja. O prazer fica associado ao ato da compra: é comum o produto perder o interesse depois de adquirido.

Em muitos casos, as pessoas começam a acumular dívidas e ficam ainda mais ansiosas, porque sofrem com a possibilidade de não poder mais consumir. E essa ansiedade pode estar associada a problemas mais fáceis de perceber, como distúrbios alimentares e descontrole emocional.

Muitas pessoas desenvolvem uma compulsão por comer, ou seja, não conseguem se controlar e compensam toda a ansiedade ou frustração ingerindo alimentos. Os índices de **obesidade** – excesso de gordura corporal –, principalmente entre as crianças, vêm crescendo a cada ano. Esse crescimento é atribuído à ingestão regular de alimentos industrializados, pouco nutritivos e com altas taxas de gordura, açúcar ou sódio.

A imposição de padrões de beleza pelos meios de comunicação agrava ainda mais o quadro dos obesos – sobretudo na adolescência. Observe, por exemplo, como muitas marcas de roupa só oferecem peças em numerações menores, para corpos bem magros. Conforme os jovens engordam, ficam mais ansiosos ou frustrados por se sentirem inadequados aos padrões. E acabam comendo ainda mais.

Essa obsessão incentivada pela sociedade de consumo influencia o surgimento de outros transtornos alimentares. A **anorexia** é um deles, caracterizada pela perda excessiva de peso decorrente da diminuição drástica na ingestão de alimentos. A **bulimia** consiste em crises de ingestão exagerada de alimentos, seguidas de práticas inadequadas para expeli-los, como a indução de vômitos e o uso de laxantes e de diuréticos.

Esses dois transtornos, também cada vez mais comuns, costumam surgir na adolescência e incidem principalmente sobre as garotas, que se sentem mais pressionadas a corresponder aos padrões de magreza. São doenças muito graves, que podem até levar à morte.

Outra doença ligada à busca de padrões de beleza que tem preocupado os médicos é a **vigorexia** ou dependência de exercícios físicos. Na ânsia de ficarem fortes e "sarados", os indivíduos colocam a prática de esportes em primeiro lugar, deixando todas as outras atividades de lado.

Muitos deles ainda usam compostos químicos prejudiciais à saú-

A VIGOREXIA, OU DEPENDÊNCIA DE EXERCÍCIOS FÍSICOS, É UMA DAS DOENÇAS LIGADAS À BUSCA DOS PADRÕES DE BELEZA IMPOSTOS PELA INDÚSTRIA DO CONSUMO.

de, como os esteroides anabolizantes, que alteram o metabolismo, aumentando visivelmente a massa muscular. Seu uso é proibido no Brasil, pois podem causar infertilidade e câncer de próstata, entre outros problemas, mas não são poucos os que se arriscam para comprá-los no mercado negro.

O isolamento e o temor pelo futuro (medo de ser excluído do consumo, de falhar socialmente, de não ter emprego, de não se encaixar nos padrões...) vêm criando muitas angústias nos jovens. Estas, quando combinadas a certos fatores genéticos, familiares e bioquímicos, têm potencial para se transformar em **depressão** – uma doença grave, que pode levar ao uso de drogas e ao alcoolismo.

Jovens e crianças com acesso quase irrestrito ao consumo tendem a se tornar cada vez mais insatisfeitos e entediados. Quando a única motivação é o ato de consumir, tudo é tão rápido e fragmentado que, com o tempo, esses jovens sentem suas vidas esvaziadas de sentido e de prazer.

Até agora, falamos das angústias de quem tem algum acesso ao consumo. Mas e as pessoas excluídas por razões econômicas? Talvez não existam tantos médicos e psicólogos disponíveis para diagnosticar seus males, mas esses indivíduos também vivem angústias causadas por um sentimento de humilhação constante. Ser pobre – ou seja, não ter condições de consumir – é uma marca, um **estigma social** que acompanha a vida dessas pessoas. Elas sofrem constrangimentos públicos frequentes: garotos da periferia, mesmo sem nenhuma vinculação com o crime, são constantemente parados pela polícia; muitas empregadas domésticas

A DEPRESSÃO ATINGE 24 MILHÕES DE PESSOAS SÓ NA AMÉRICA LATINA. AS ANGÚSTIAS DA VIDA MODERNA, COMO O ESTRESSE, A VIOLÊNCIA E A OBRIGAÇÃO DE SER BEM-SUCEDIDO, ESTÃO ENTRE OS FATORES QUE PODEM DESENCADEAR A DOENÇA.

têm que se submeter a revistas diárias por suas patroas; trabalhadores de baixa especialização são comumente insultados por clientes ou chefes...

O professor de Psicologia Social da Universidade de São Paulo (USP) José Moura Gonçalves Filho costuma propor a seus alunos que experimentem assumir por um dia um trabalho considerado subalterno. Em uma dessas experiências, Fernando Braga da Costa, um aluno que assumiu a função de gari na universidade, disse que, quando estava de uniforme, se sentia "invisível": muitos colegas e professores nem o cumprimentavam, porque viam só o uniforme, não o indivíduo. A pesquisa de Fernando prosseguiu e foi transformada no livro *Homens invisíveis*, relato de uma humilhação social.

SER POBRE NÃO SIGNIFICA APENAS NÃO PODER CONSUMIR: É UM ESTIGMA SOCIAL QUE GERA MUITAS HUMILHAÇÕES, COMO SER REVISTADO PELA POLÍCIA SEM TER COMETIDO NENHUM DELITO.

DIGA-ME O QUE VESTES E TE DIREI QUEM ÉS

"Mulher de classe usa um sapato de 500 dólares embaixo de um vestido que cobre todo o sapato." A frase, de um famoso estilista brasileiro, expressa como a **moda** representa um dos principais elementos de **distinção social** — a começar pela caracterização de mulher "de classe" como equivalente de mulher rica e bem-nascida.

Bem antes de podermos falar em sociedade de consumo, o ato de vestir já tinha um caráter simbólico pronunciado, além de servir à necessidade de proteger o corpo. A roupa tem o papel de definir a identidade e a inserção social de quem a veste. É como se, por meio das vestimentas, do corte de cabelo, da maquiagem, das tatuagens, as pessoas contassem uma história de como elas são ou gostariam de ser.

No capitalismo, a moda responde ao sistema de produção de objetos e de mensagens que impõem certos padrões, visando a organizar o mercado e estimular o consumo. A cada estação, surgem novos padrões. O que se usou no último ano fica ultrapassado. O mesmo vestido que antes dava *status* à pessoa que o vestia pode depreciá-la diante de um determinado grupo dali a um tempo. "A moda morre nova", definiu certa vez o cineasta e diretor de teatro francês Jean Cocteau (1889-1963).

Para acompanhar as mudanças da moda, é preciso viver imerso nesse sistema: ir a desfiles, lançamentos, devorar revistas, frequentar lojas, *shoppings*, salões de beleza, prestar atenção ao que as celebridades estão usando... Há, assim, uma rotina estressante que faz reduzir o tempo para outros tipos de vivência. E, na busca da distinção social pela roupa, o próprio corpo passa a ser subjugado: meninas cada vez mais jovens submetem-se a cirurgias plásticas para atingir as medidas ideais exibidas pelas celebridades e garantir o melhor caimento das roupas. É a ordem da moda: primeiro vem a roupa, depois o corpo.

NO FILME O *DIABO VESTE PRADA* (2006), ANDY, A PERSONAGEM DE ANNE HATHAWAY, PASSA A SER MUITO MAIS BEM TRATADA DEPOIS QUE COMEÇA A SE VESTIR COM ROUPAS DE GRIFE.

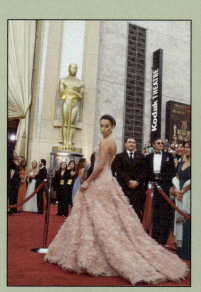
A NOITE DE ENTREGA DO OSCAR TAMBÉM É UMA OPORTUNIDADE PARA AS GRIFES MOSTRAREM SUAS CRIAÇÕES. O MUNDO TODO ASSISTE À CERIMÔNIA — E COPIA OS MODELOS USADOS POR CELEBRIDADES COMO A ATRIZ ESPANHOLA PENÉLOPE CRUZ.

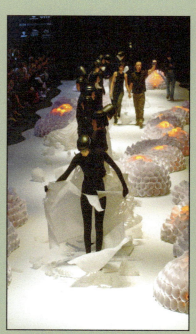
EM JULHO DE 2004, O ESTILISTA JUM NAKAO FEZ UM DESFILE POLÊMICO NA SÃO PAULO FASHION WEEK: MODELOS RASGARAM NA PASSARELA SEUS ELABORADOS VESTIDOS DE PAPEL. O OBJETIVO DO ESTILISTA ERA FAZER AS PESSOAS REFLETIREM SOBRE O EXCESSO DE VAIDADE NO MUNDO DA MODA.

UMA QUESTÃO DE ESTILO

Apesar de todo o esforço de padronização dos gostos pelo mercado, as práticas culturais cotidianas apresentam formas de resistência à imposição de valores e gostos. Mesmo a moda – que trabalha tão intensamente com estereótipos – não é resultado exclusivo da mente criativa de estilistas e *designers*. Nas ruas das cidades, é possível observar formas de se vestir que rompem com a gramática da moda tradicional. Já há algum tempo, com risco de perder uma fatia considerável de mercado, a indústria percebeu que o negócio não era a imposição de um padrão único.

Assim, instituiu-se a ideia de **segmentação**, ou seja, os produtos e estratégias de venda são pensados levando em conta que o mercado é um conjunto de pessoas com características distintas. Em moda, há o conceito de **estilo**: o sistema admite, por exemplo, que uma mulher seja "clássica", "alternativa" ou "esportiva" ou pule de um estilo a outro conforme a situação. A noção de estilo permite ao mercado assimilar as "transgressões" aos padrões que ele mesmo cria e também transformá-las em novas mercadorias.

A PERIFERIA TÁ NA MODA?

A periferia e a favela são temas de filmes e seriados de televisão. **Funk** e **rap** tocam em danceterias de bairros ricos das cidades. Adolescentes de classe média alta vestem bonés, bermudas e camisetas largas, tênis de cano alto e correntes no pescoço – visual típico de garotos negros pobres dos guetos de Nova York, onde o **hip-hop** nasceu. As gírias, as músicas e o jeito de vestir da periferia ganharam o mundo, foram universalizados pelo consumo e, de forma de protesto, se transformam em modismos: *rap* de "*playboy*". *Funk* para "patricinhas".

Não se pode negar a importância cultural e social de movimentos como o *hip-hop*, que têm ajudado jovens que vivem em comunidades pobres no Brasil a se ver de maneira mais positiva, apesar da humilhação presente em seu cotidiano. Algumas dessas manifestações têm gerado interesses e debates inéditos sobre a situação das periferias. Mas também vale questionar até que ponto seu caráter originalmente contestatório sobrevive ante a "massificação" – a exemplo do que aconteceu com muitos *rappers* dos Estados Unidos que, depois de se transformarem em estrelas do *showbiz*, esvaziaram o discurso político característico do início do movimento.

Na periferia a alegria é igual
é quase meio-dia a euforia é geral
é lá que moram meus irmãos,
meus amigos
e a maioria aqui se parece comigo.

(TRECHO DA MÚSICA "FIM DE SEMANA NO PARQUE", DOS RACIONAIS MC'S)

O SUCESSO DE BANDAS DE *RAP* COMO RACIONAIS MCS, QUE SURGIU NA PERIFERIA DE SÃO PAULO, AJUDOU A DIVULGAR A CULTURA *HIP-HOP* EM TODAS AS CLASSES SOCIAIS. NA FOTO, MANO BROWN, LÍDER DO GRUPO.

PAPÉIS TROCADOS

A menina de 7 anos tira da bolsa um telefone celular. Ela usa um sapatinho de salto, tem as unhas pintadas e luzes no cabelo. Apressa o pai, pois está atrasada para a festa de uma prima, que acontecerá no salão de beleza do *shopping*. O pai vem logo atrás, distraindo-se com seu tocador de MP3. Veste uma calça *jeans* que custou vários salários mínimos e uma camiseta com seu personagem de desenho animado preferido.

A cena descrita é fictícia, mas não improvável. Uma série de produtos e serviços "de gente grande" é oferecida ao público infantil: tratamentos de beleza, artigos eletrônicos, roupas justas, decotadas e desconfortáveis. As crianças passam a ter uma agenda lotada de compromissos, começam a se portar como adultos e a acreditar que são como eles. Recebem da família dinheiro e autorização para gastar

EM MEADOS DOS ANOS 1990, OS ARTISTAS PLÁSTICOS MICHAEL LAU E ERIC SO, DE HONG KONG, DERAM INÍCIO A UMA TENDÊNCIA CHAMADA *TOY ART*. BONEQUINHOS PRODUZIDOS EM PEQUENA QUANTIDADE E OUTROS OBJETOS DE ARTE COM REFERÊNCIAS INFANTIS CONQUISTARAM COLECIONADORES PELO MUNDO TODO. A FOTO MOSTRA UMA EXPOSIÇÃO DO JAPONÊS YOSHITOMO NARA, CUJAS PEÇAS ESTÃO ENTRE AS MAIS DISPUTADAS PELOS AMANTES DESSE TIPO DE ARTE.

EM INGLÊS, EXISTE ATÉ UMA PALAVRA PARA DESIGNAR OS ADULTOS QUE NÃO QUEREM CRESCER: "KIDULTS" (OU ADULTOS-CRIANÇA). O MERCADO APOSTA NESSE FENÔMENO TÍPICO DA CULTURA DE CONSUMO E NÃO PARA DE LANÇAR PRODUTOS PARA GENTE GRANDE COM JEITO INFANTIL.

como quiserem. Publicidade e programas de televisão voltados aos pequenos mostram personagens e mensagens de grande erotismo. A puberdade e a sexualização se aceleram e acontecem antes da adolescência. Brincar e outras atividades elementares nessa fase da vida ficam para escanteio – ocorre um processo de **adultização da infância**, que queima etapas preciosas do desenvolvimento. São pequenas as chances de essas crianças se tornarem adultos maduros, já que a maturidade é um processo que só pode ser assimilado e construído gradualmente.

Enquanto isso, os adultos são seduzidos por apetrechos do mundo infantil: joguinhos, bichinhos de pelúcia, vestidos inspirados no guarda-roupa da Barbie, acessórios da gatinha Hello Kitty, camisetas que lembram as malhas justas dos super-heróis, caneta com pompons e estrelinhas brilhantes, telefones em formato de sorvete... Mensagens publicitárias, filmes e seriados de televisão insistem que "dentro de todo adulto há uma criança que precisa ser libertada". Esse apelo à infância faz com que alguns indivíduos adultos relutem em assumir as responsabilidades da maturidade, perdendo a capacidade de avaliar as consequências de suas ações e assumir compromissos. É a chamada **infantilização dos adultos**. Nessa equação extremamente lucrativa para o mercado, pais e filhos invertem papéis – com efeitos desgastantes para a vida familiar.

"TRIBOS" OU SEGMENTOS DE MERCADO?

O que os *hippies* têm em comum com os *punks*? Provavelmente, muito pouco. Mas os dois costumam ser incluídos na classificação – considerada imprecisa e muito genérica por alguns antropólogos – de "tribos urbanas". São formadas por jovens que se juntam para compartilhar algum interesse e carregam traços que os distinguem dos jovens "comuns": frequentam certos locais da cidade, criam um jeito característico de se vestir, podem ter gírias próprias e gostam das mesmas coisas.

Os movimentos jovens de **contracultura** recorreram com frequência a formas diferentes de se vestir e de se comportar como meio de resistência a um sistema que consideravam opressor. O movimento **punk**, por exemplo, surge nos anos 1970, querendo pôr abaixo a sociedade de consumo inglesa. Seus adeptos demarcavam seu espaço chocando as pessoas com um visual agressivo: camisetas detonadas, cadeados pendurados no pescoço, cabelo espetado e colorido... Mais tarde, a cultura *punk* foi assimilada pela indústria como um estilo – e não mais como postura política. *Jeans* rasgados e correntes cromadas passaram a ser vendidos em lojas de grife.

Há "tribos" que não surgem como um movimento social, político ou religioso, mas que são definidas desde o início por um perfil de consumo. Um exemplo são os **cosplayers**, aficionados por desenhos animados e histórias em quadrinhos japoneses que costumam se vestir como seus personagens preferidos.

Os profissionais de *marketing* consideram as "tribos" balizas para pensar a segmentação do público jovem. Mas as práticas culturais de alguns grupos não devem ser reduzidas a categorias baseadas apenas nos padrões de consumo, já que envolvem questões de identidade muito mais complexas do que as que o mercado consegue perceber. Podem, por exemplo, dar aos participantes um sentido de pertencimento, alguma noção de coletividade – em resposta ao isolamento que marca a vivência nas grandes cidades.

OS *HIPPIES* (ACIMA) FIZERAM PARTE DOS MOVIMENTOS DE CONTRACULTURA DOS ANOS 1960. ENTRE OS VALORES QUE PREGAVAM, ESTAVAM A PAZ, A LIBERDADE E A CONTESTAÇÃO DO ESTILO DE VIDA DA CLASSE MÉDIA NORTE-AMERICANA. HOJE, O ESTILO DESPOJADO E COLORIDO DE VESTIR DOS *HIPPIES* E A SUA DIETA VEGETARIANA AINDA TÊM MUITOS ADEPTOS (ABAIXO), MAS NEM TODOS QUE USAM ESSE TIPO DE ROUPA SE IDENTIFICAM COM OS VALORES LIBERTÁRIOS DO MOVIMENTO.

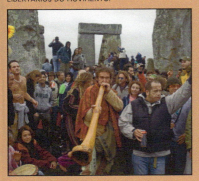

OS SEX PISTOLS (À ESQ., O BAIXISTA, SID VICIOUS), BANDA CRIADA EM 1975, NA INGLATERRA, SÃO UM ÍCONE DO MOVIMENTO *PUNK*. NAS LETRAS DE SUAS MÚSICAS, CRITICAVAM A SOCIEDADE DE CONSUMO E DENUNCIAVAM A FALTA DE OPORTUNIDADES ENFRENTADA PELOS JOVENS. USAVAM ROUPAS RASGADAS, COLEIRAS DE CACHORRO E CADEADOS PENDURADOS NO PESCOÇO COMO FORMA DE PROTESTO. HOJE, AS ROUPAS E ACESSÓRIOS TÍPICOS DOS *PUNKS* (ACIMA) PODEM SER ENCONTRADOS EM LOJAS DE GRIFE.

Capítulo 10

Cachorros consomem mais que homens

Só as duas na sala, Isabel decidiu acalmar a velha e tentar convencê-la mais uma vez. Laura estava abatida, arrasada, e Isabel resolveu se aproveitar daquele estado de fragilidade para fazê-la entrar na mala.

— O que será que deu nessa menina, meu Deus? Como ela ficou assim? Por que ela precisa de tantas coisas? Na idade dela eu lutava por meus ideais, pela minha carreira de atriz, pela arte... Virava as noites ensaiando peças revolucionárias, para mudar o mundo... Hoje é só consumismo... consumismo...

— É normal, minha amiga. Não esquenta. Joana é mulher. Sabia que, estatisticamente, somos as primeiras no *ranking* do consumo? As categorias que mais movimentam bens de consumo são as mulheres, depois os homens *gays*, em seguida os cachorros e, por último, os homens heterossexuais. O que se pode fazer, querida? Os homens são assim. Meu namorado usa o mesmo *kit* de cuecas que comprou há três anos! Acha um absurdo ter mais de um relógio! Tem um tênis e um sapato social e acha isso o suficiente! Eu tenho de arrastá-lo para o *shopping*. Uma vez, o vendedor perguntou a ele "o que deseja" e ele disse "sair daqui".

As duas riram.

Isabel achou a mudança de humor de Laura muito promissora. Ela trabalhava com *marketing*. *Marketing* é convencimento. Primeiro precisava

O Preço do Consumo

relaxar a velha. Depois, fazer que voltasse atrás na decisão... É claro que Laura ficara abalada com a reação de Joana, e que estava pensando se realmente sua posição não era egoísta.

A menina tinha sido muito útil. O argumento do egoísmo fora fantástico. Laura reagira negativamente só para não perder a discussão para a neta, mas agora enfrentava um dilema emocional enorme: como negar um futuro melhor a Joana, todas as possibilidades que iriam se abrir, até uma carreira na televisão... só por não querer entrar numa mala?

Isabel não havia chegado à diretoria do departamento de *marketing* à toa. Sentia que Laura no fundo estava querendo ser convencida. Queria fazer as pazes com a neta. Mas precisava ser levada a isso como se no final fosse uma decisão sua. Isabel sabia que, apesar das aparências em contrário, estava quase enfiando a maldita velha dentro da mala.

— Não... falando sério... eu não posso... — foi a própria Laura quem voltou ao assunto. — Ainda mais ao vivo... eu pensei que ia ser no estúdio... a Joana não compreende que...

— É... adolescência é uma fase complicada. Eles não lidam bem com frustração. Quando têm um desejo, acham que o mundo vai acabar se ele não for satisfeito.

— Ela não era assim... Acho que a ausência dos pais...

— Pais fazem falta. Mas qualquer um vê que você está cuidando muito bem da Joana, Laura. Ela é uma menina incrível! Tem personalidade!

— Isso ela tem.

— E a gente vê que ela te adora.

— É? É mesmo? Às vezes parece que...

— Reações de adolescente, minha amiga. Joana é uma menina normal, quer as coisas... quer ser igual às amigas... Um pouco é por culpa da propaganda, que cria necessidades. E também porque consumir inunda o cérebro de **serotonina**. Comprar é um grande **antidepressivo**, sabia? É uma delícia. A vida já é tão difícil. Deixa a menina...

— Fui agressiva com ela... é, fui radical... afinal, eu compro uma porção de xampus e cremes também.

— Você foi um pouco radical, sim.

— Ela me chamou de egoísta. Será que eu estou sendo egoísta?

— Quer minha opinião sincera?

A **serotonina** é um neurotransmissor (substâncias produzidas pelos neurônios e por meio das quais se dá a transmissão de impulsos nervosos). Essa função de comunicação desempenhada pela serotonina é fundamental para a interação do ser humano com o ambiente e afeta diretamente o estado de ânimo – falhas na neurotransmissão tendem a acarretar mudança de humor, podendo causar depressões. Existem medicamentos que atuam justamente na correção dessas transmissões neuroquímicas: os **antidepressivos**. O uso desse tipo de droga é recomendado apenas para os casos graves de depressão e precisam de acompanhamento médico, pois não se conhecem os efeitos que provocam em longo prazo.

Cachorros **consomem** mais que **homens**

— Por favor.

— Juro, sem interesse nenhum... Esquece toda essa história de mala... Vou falar como amiga, e mãe também... Não digo que você está sendo egoísta... Não, é muito importante que você dê exemplo de dignidade e ética à sua neta...

— Pois é...

— Mas Joana não deixa de ter razão... em parte... porque você devia pesar as duas coisas, comparar... Em *marketing* usamos o termo custo--benefício quando precisamos tomar uma decisão. Tudo tem um custo e um benefício. Não existe benefício sem custo. Quando os benefícios superam os custos, a gente deve decidir que sim!

Laura olhou para o infinito. Isabel sentiu que tinha atingido o ponto certo. Continuou:

— Entrar nessa mala pode custar a você uma perda de dignidade, pode ferir sua ética... o que eu não concordo, mas respeito... Por outro lado, pode trazer um benefício enorme pra vocês duas! Dinheiro, claro, muito dinheiro... mas também prestígio... uma volta ao estrelato para você... e, para Joana, a abertura de oportunidades incalculáveis!

— Viu a cara de entusiasmo dela quando você falou em trabalhar em novela? Ela diz que não quer ser atriz, mas é porque ela pensa que ser atriz não dá muito dinheiro...

— Nesse ponto, sim, talvez você esteja sendo um pouco egoísta. A menina tem a vida pela frente, e você deve fazer o que puder para ajudá-la a vencer. Os tempos não estão fáceis.

— É verdade. Coitados dos jovens.

— Pra ser sincera, Laura... diante de benefícios tão grandes, os custos são até bem pequenos. Fala sério... Você não está roubando, nem fazendo **campanha política** pra algum corrupto, nem passando ninguém pra trás ou provocando uma tragédia...

Laura abaixou a cabeça, ficou alisando a bainha de sua blusa com as mãos.

Estava derrotada.

— Acho que errei, não é?...

Isabel manteve-se calada. Ela aprendera num curso de vendas que os momentos de decisão são solitários... Um vendedor que fala nessas horas

Além do *marketing* das empresas, existem atividades mercadológicas para outras áreas: política, social, ambiental, religiosa, entre outras. Candidatos e partidos políticos recorrem a profissionais da área para determinar uma estratégia de comunicação, que vai desde a construção da "imagem" do político ou partido até a obtenção dos recursos de promoção e propaganda. É muito comum que personalidades públicas como artistas e esportistas — por engajamento espontâneo ou mediante negociação financeira — apareçam em **campanhas políticas** para angariar votos para os candidatos.

O Preço do Consumo

só atrapalha, provoca uma reação negativa no comprador.

– Isabel... eu vou entrar nessa mala!

Pronto.

Isabel controlou o grito. Tinha vontade de sair pulando pela sala! Mas não podia tripudiar da velha. Ela ainda não estava dentro da mala.

– Legal, Laura! É a decisão certa, amiga. Parabéns.

Laura levantou, como um mártir pronto a ser enforcado por causa de um ideal.

– Vamos fazer o teste.

Isabel apenas a conduziu, como uma cabeleireira que está ali para atender aos pedidos da cliente. Laura tornou a ficar de pé sobre uma das bandas da mala.

– Quer que chame sua neta para ver?

– Não. Vamos fazer uma surpresa. Quando eu estiver dentro da mala, você chama ela. Ela não vai me ver. Aí você aponta para a mala, tá?

– Beleza!

– O que eu faço?

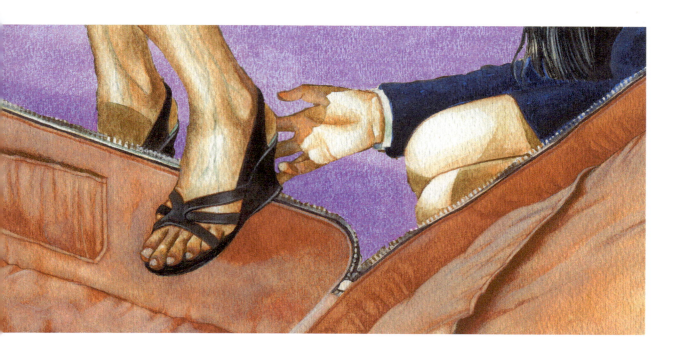

Cachorros consomem mais que homens

– Acho que primeiro você deve ajoelhar, depois deita, se encolhe... Sei lá... Vamos tentar, né? Essa é a maior mala que eles fabricam, mas podemos fazer uma especial.

– Tá... ajoelhar...

Isabel deu um passo para trás, para deixar Laura à vontade...

Nada aconteceu.

Laura parecia paralisada.

– E então?

– O quê?

– Ajoelha, Laura.

– Não sei.

– Não sabe ajoelhar?

– Não é isso...

Isabel não queria pressionar muito. Aprendera no curso de vendas que na hora da compra a pessoa fica tensa como uma corda de violão. O ato da compra é uma forma de aliviar essa tensão, por isso o prazer de comprar pode se comparar a um alívio. O vendedor pressionar o comprador nesse momento é como esticar demais a corda do violão: ela arrebenta. O negócio não se realiza.

Por outro lado, já estava cheia daquela velha maluca e resolveu forçar um pouco... Levantou, colocou-se atrás de Laura, apoiou as mãos em seus ombros e a forçou para baixo:

– Vamos lá, querida... dobre os joelhos...

– Não... falando sério... eu não posso... ainda mais ao vivo... eu pensei que ia ser no estúdio...

– Já falamos sobre isso tudo.

– Mas eu não...

– Não podemos ficar aqui o dia todo, Laura. Você já decidiu. Vai entrar na mala.

– Espera... é que...

– É o melhor para sua neta.

– Eu sei, mas...

– Você não quer o bem da Joana?

– Acima de qualquer coisa neste mundo.

– Então? Dobre o joelho... Vamos lá.

O Preço do Consumo

Isabel fazia realmente força com os braços, já havia perdido mesmo a paciência, mas o corpo de Laura havia virado uma viga de concreto.

— Não faz isso... eu preciso...

— Não... não precisa mais nada... Relaxa esse corpo, Laura. Entra nessa mala!

O corpo da velha amoleceu um pouco, e Isabel pensou que talvez estivesse na hora de dar ordens. Algumas pessoas precisavam disso... Havia uma classe de compradores que simplesmente não decidiam nunca, e cabia ao vendedor decidir por eles.

Isabel pressionou os ombros de Laura com toda a sua força e ordenou, num tom bem autoritário:

— Entra já nessa mala! Ajoelhe-se!

Laura cedeu.

Seus joelhos, afinal, dobraram-se.

Isabel ficou eufórica. Talvez fosse esse o desejo da velha todo o tempo: obedecer! E ela preocupada com persuasão...

— Bastante insistência... — Isabel começou a falar alto, lembrando das aulas de *marketing*. — E então a gente entra na fase final, a glória... depois da persuasão... a imposição!

Laura estava com os olhos fechados, e todo seu corpo tremia. Isabel continuava a pressioná-la, agora tentando inclinar o corpo da outra para que se deitasse dentro da mala.

— Imposição. Determinar a vontade alheia. Dominar a mente humana. Isso é pura mágica! — Estar enfiando a velha na mala deu a Isabel uma sensação incrível de bem-estar. — Lembra quando o mágico te cortava ao meio, Laura? Eu faço coisas muito mais difíceis, sabia? Eu já fiz um sabonete fabricado por um cliente nosso virar peça de investigação numa trama policial de uma novela. Confia em mim. Eu sei o que estou fazendo. Todo mundo falou no tal do sabonete a novela inteira. Vendeu horrores.

— Você não tá entendendo... — Laura tornou a falar, de olhos fechados, com um fiapo de voz. — Eu já concordei em entrar na mala...

E seu corpo, ajoelhado dentro da mala, tornou a ficar duro como pedra.

— Então entra nessa merda dessa mala, PELO AMOR DE DEUS!

Mas a reação de Laura foi surpreendente!

Cachorros consomem mais que homens

Ela pulou para fora da mala e correu para o canto mais escondido da sala, entre o sofá e a parede. Encolheu-se no chão, abraçou os joelhos com força e ficou choramingando.

***

CAPÍTULO *11*
El truque de la mala

—Não posso! Não posso! Não posso! – Laura balbuciava, no canto do sofá, completamente surtada.

Isabel se assustou. E se a velha morresse do coração? Com toda a campanha promocional da mala já pronta! Seria um prejuízo irreparável! E ela certamente iria para o olho da rua!

Aquela possibilidade, no entanto, em vez de torná-la mais prudente e comedida, acabou de enfurecê-la de vez. Ela se inclinou junto a Laura e gritou:

— O que foi agora?! Qual é o problema?!

Laura assustou-se e falou, como uma criança que não quer apanhar:

— Você já me convenceu, Bel. Eu sei que ia ser bom se eu entrasse nessa mala. Eu estou precisando mesmo. Vou abrir o jogo. Estou na pior. Estou cheia de dívidas. O telefone não toca nunca. Ninguém me chama mais pra nada.

Isabel teve pena da mulher naquele estado, toda encolhida, em meio a uma crise de pânico:

— Então, Laurinha? Entra na mala, vai.

— Eu até quero... mas não posso...

— Pode sim... Olha, isso é só um teste... Está achando a mala apertada, é isso? Vamos fazer uma especial, tá? Bem confortável. Você sabe que eu já vendi apartamentos decorados, querida? A gente fazia uns móveis de quarto em escala um pouco menor, pros clientes acharem que o quarto era grande... Vai, vem... entra na mala... vamos terminar o teste...

El truque de la mala

Laura tremia e balançava a cabeça para os lados, apavorada.

– Não...

Então, observando a outra enrolada em si mesma como um feto, Isabel teve a ideia de fazer ao contrário. Em vez de levar a velha até a mala, trazer a mala até ali.

Trouxe a mala aberta para junto do corpo enrodilhado de Laura e, suave mas decididamente, arrastou-a para dentro, como se estivesse colocando um bebê em sua banheirinha.

Laura deixou-se arrastar, choramingando, sempre abraçada aos joelhos, e terminou assim, de lado, dentro da mala.

Isabel descobriu então que faltava pouco para a mala poder fechar. Era só a velha se encolher mais, curvar mais as costas, encostar mais a cabeça nos joelhos... Tentou forçá-la a isso, mas Laura agora voltava a ficar dura como pedra.

– Vamos... menina má... deixa o corpo mole... Assim não dá. Se você não me ajudar... Vamos, vai ser bom pra nós duas... Como é que você fazia lá no circo? Não lembra mais...? Como era o truque da mala, hein? Enfiava a cabeça assim... o braço ia pra onde?... Vamos, Regina Fuegos... faça *El Truque de la Mala*...

– Você não entende... Eu não posso mesmo... Tenho um problema...

Isabel forçou as costas de Laura e começou a puxar o fecho.

– Você podia ser mais magra, sabia?... Acho que só serrando ao meio mesmo, como o tal mágico fazia!... DEIXA O CORPO MOLE!

– Tô tentando. Não posso! Tenho um problema... um segredo!

– Problema?

– Um problema de infância! Um segredo! Um trauma!

Isabel descobriu que, se tirasse o colar enorme, o corpo de Laura poderia ficar mais arqueado. Fez isso, e o fecho avançou um pouco mais pelas costas. Tirou também os enchimentos dos ombros, que eram presos com velcro. O zíper avançou mais um pouco. Mas aí esbarrou na peruca. Isabel tirou a peruca de Laura! A velha já não ligava para mais nada. Apenas falava, de olhos fechados, e se deixava manipular:

– Vou contar pra você... Promete que não conta pra ninguém? Promete? Promete?

O Preço do Consumo

— Tá. Prometo. Você prendeu essa peruca com *Super Bonder*? Dobre esse pescoço!

— Eu tinha catorze anos já, Bel... Eu continuava no circo... O papai não ganhava quase nada atirando facas na mamãe... Eu ganhava mais do que eles entrando na mala... mas tinha de treinar bastante, porque estava crescendo... meus peitos cresceram muito, de repente... a bunda... mas eu tinha que continuar entrando na mala... Estava ficando cada vez mais difícil, e eu treinava bastante... Chegava do colégio, almoçava e depois ficava entrando e saindo da mala...

O fecho passou pela cabeça sem peruca, mas Isabel ficou com medo de sufocá-la... e queria que a velha continuasse falando... falar parecia acalmá-la... Então começou a correr o outro fecho, pelos pés. A primeira providência foi tirar aquelas imensas sandálias cafonas de saltos anabela.

— ... meu pai fazia uns **biscates** de pedreiro, minha mãe lavava a roupa do pessoal do circo, dava banho em elefante... Quem me acompanhava nos treinos era o mágico... um velho muito magro, que não parava de tossir... Era ele que fechava a mala quando eu conseguia entrar... O truque da mala exigia a presença de uma segunda pessoa. Alguém tem que estar ao lado da gente pra fechar e abrir a mala, sabia?

— Eu sei. Eu sei.

— ... porque não tinha um truque. Na verdade, não tem truque nenhum... Acho que o que me fazia entrar na mala era o esforço, a vontade de subir na vida, de ganhar o meu dinheiro, de comprar as coisas... o resto era questão de me encolher... me sujeitar... ficar menor do que eu era... me submeter... contrair... ficar pequenininha... me dobrar...

— POIS É!

— Sabe qual é o verdadeiro truque da mala, Bel... sabe?

— No momento é o que eu mais quero saber na vida!

— Eu precisava ganhar dinheiro. O truque da mala é a necessidade!

— Nós temos muita necessidade neste momento, Laura. SE ENCOLHE, CARAMBA!

— E eu fui vivendo disso... me espremia... entrava em qualquer buraco, em qualquer caixa, gaveta, mala... até aquela tarde... Bel... Eu vou confessar... eu só falei isso pro meu analista... até hoje...

Biscates são serviços temporários que não exigem muita especialização e que também não oferecem garantias trabalhistas.

El truque de la mala

— Essas sandálias estão fora de moda há três décadas, sabia? Você não vê novela?

— Escuta, Bel... Uma tarde, eu estava dentro da mala... o mágico me fechou... não tinha ninguém por perto... o mágico me fechou, apertou os fechos e as fivelas... e aí morreu.

— O quê?

— O mágico me fechou dentro da mala e depois teve uma síncope... Ele fumava muito e era tuberculoso... Cuspiu um bolo de sangue misturado com catarro e morreu...

— Dobra mais a perna... assim... Acho que agora vai... — O segundo fecho afinal passou pelos pés e avançou.

— ... eu fiquei trancada na mala mais de quatro horas... até meu pai voltar do serviço... Fiquei tão apavorada que fiz cocô e xixi dentro da mala... Só não morri sufocada porque tinha um espaço entre os dois fechos, bem junto do meu nariz... mas eu não alcançava os fechos com as mãos...

O segundo fecho subiu rente às canelas e avançou bastante, fez a curva. Isabel estava suando, descabelada, seus joelhos esfolavam no tapete velho, mas os olhos brilhavam de alegria: a mala estava praticamente fechada! Com a velha dentro!

— Eu estava que nem estou agora, Bel... com as duas mãos encolhidas na barriga... presas pelos joelhos... Acho que é assim que a gente fica na barriga da mãe, não é? Eu não podia soltar os braços pra abrir os fechos e fiquei presa dentro da mala a tarde toda... Meu pai disse que quando me tirou de lá eu estava azul... Fui parar no hospital... Nunca mais... Não aguento nada que me lembre mala... Eu já te disse, tenho pavor de avião... Não fui à Índia coisa nenhuma! Eu só ando de carro ou ônibus... O máximo que eu cheguei foi até Aracaju... Eu tenho síndrome do pânico. Eu tenho claustrofobia e síndrome do pânico por causa desse trauma... Você tá me ouvindo?

— O pessoal da produção precisa saber quanto tempo você aguenta sem ter problemas... Imagine se passa mal, desmaia, em pleno domingão... Seria uma imagem muito negativa para a mala.

Isabel achou melhor levar o segundo fecho mais adiante. Se puxasse mais o primeiro, para fazer os dois se encontrarem no meio da mala, cobriria o rosto da velha e taparia sua respiração. Então levou o primeiro fecho

O Preço do Consumo

até a altura do nariz e da boca, e foi com o segundo até a altura do queixo. Deixou uns dez centímetros para que Laura pudesse respirar e falar.

Pronto!

A velha estava dentro da mala!

– Tive uma ideia, Bel! – Laura continuou a falar, parecendo mais animada. – Sabe o que eu fazia no circo? Eu não era só contorcionista, não! Eu também cantava boleros! Boleros mexicanos! É! Em vez de entrar na mala, eu podia cantar um bolero. Que tal? Eu canto bem. Quer ouvir? Escuta só! *La luna que me quiera... la rosa qui engalava... vestida de...* Eu canto junto com o engolidor de fogo, que tal?... *"La increíble cantante mejicana, la insuperable Regina Fuegos!"* Se vocês quiserem, eu posso cantar alguma coisa mais moderna... um forró *"Olha que isso aqui tá muito bom... isso aqui tá bom demais... Olha que quem tá fora quer entrar... mas quem tá dentro não sai... olha que isso aqui tá muito bom"...* Vai ficar legal. Isabel? Bel...

Isabel caiu sentada, exausta.

– Oi. Tô aqui.

– É CLARO que você está aí. Nem brinca! Mas não estou escutando direito. Essa mala é muito acolchoada. E eu sou um pouco surda.

Isabel aproximou a boca da abertura entre os dois fechos e gritou:

– Estou aqui! Não se preocupe!

Depois se levantou, passou as mãos no cabelo e nas roupas, tentando melhorar a aparência, e foi até o sofá. Sentou e pegou o celular no bolso. Discou para o trabalho e comunicou que estava tudo bem, conseguira enfiar a velha dentro da mala. Desligou.

– Bel?

– Fala.

– Bel?

Isabel teve de levantar, sentar junto da mala e responder com a boca colada nos fechos:

– FALA!

– Eu queria te agradecer.

– O quê? Agradecer?

– É. Agradecer. Obrigada!

– De nada.

– Sério. Você sabe o que acaba de fazer?

El truque de la mala

— Sei. Te enfiei dentro de uma mala.
— Você me curou.
— Curei?
— Você não vai acreditar. Eu estou me sentindo ótima.
— Que bom. Eu tô morta.
— Você fez por mim o que a psicanálise não conseguiu em vinte anos.
— Bom saber.
— Você nem pode entender. Querida... eu estou me sentindo muito bem mesmo!... Juro!... Era disso que eu precisava. Ser forçada a viver novamente a situação traumática. Puxa, Bel... você é mágica! Eu acho... eu acho que estou curada...
— Tamos aí.
— Você quer ser minha amiga?
— Tudo bem.

O Preço do Consumo

— Me deixa um pouquinho mais aqui dentro da mala... Você é minha amiga, não é?

— Sou.

— Eu só preciso disso. Adquirir confiança. Preciso saber que tenho gente amiga aí do lado de fora.

— Tudo bem. Sou sua amiga. Sou mágica também.

— Quem diria?! Eu estou até respirando... respirando normal... com calma... sem pânico... Estou lembrando da minha infância, do circo... dos meus tempos de criança...

— Não vai fazer xixi aí dentro, hein? Essa mala custa uma fortuna.

— Pode deixar. Eu estou tranquila.

— Esse negócio de regressão...

— Nada... Estou supercontrolada. Bel... nem te conto... Está sendo incrível! Estou curada! Eu precisava disso. Você sabia, não é? Sabia todo o tempo, né? Assim que você entrou neste apartamento, eu pensei... "Taí uma pessoa especial". Você tem um astral... Você é mágica...

— Sou sim.

— Eu estou um pouco eufórica... é a falta de oxigênio... Deixa eu ficar só um pouco mais, depois você abre... amiga...

— Não tem pressa.

— Mais um pouquinho... Depois você chama a Joana e a gente faz uma surpresa pra ela.

— Tá.

Isabel acendeu um cigarro, para relaxar. Tinha a sensação do dever cumprido. Laura falava sem parar, com a voz cada vez mais pastosa.

— Avião... imagina... medo de avião... que bobagem... Ah, Bel, me diz uma coisa... Eu vou ganhar uma porção de passagens, não vou? Na vida real?

— Vai. Estamos em novembro. Quando começar a alta temporada, temos uns *merchandisings* agendados...

— Pronto. Decidi. Você vai ser minha acompanhante. Não vai ser legal? E a Joana vai com a gente!

— Vai sim. Viu? Uns três minutos dentro dessa mala e você vai faturar mais do que três anos atuando em novela!

— Vamos conhecer o mundo todo. Você tem medo de avião, amiga?

El truque de la mala

— Eu só tenho medo do desemprego.

— Eu não tenho mais medo de nada. Era só o que eu precisava, Bel. Confiar em alguém... Eu confiava no mágico do circo, e ele me deixou na mão... Confiar em alguém aí, do lado de fora. Alguém com quem eu pudesse contar... na hora do sufoco... para me tirar dos apertos...

— Pode contar comigo. Estou aqui. Quando quiser sair, é só falar.

— Alguém especial como você... Uma amiga pra dizer... "Cara, me tira dessa..."

— É isso aí. Deu tudo certo, não deu?

— Só deu. Qual é o seu signo?

— Capricórnio.

— E o ascendente?

— Capricórnio também.

— Ah... Logo vi... Você é muito segura. Sabe o que quer. Determinada... Eu sou aquariana, amiga... meio aérea...

— Que bom.

— A vida não é incrível?... Um mágico me causou um trauma... sessenta anos depois uma mágica me curou!... Um mágico me desamparou no momento mais difícil... Uma mágica aparece... e me faz acreditar novamente nas pessoas.

— Isso.

— A vida é mágica, Bel...

— É sim.

— O que é que você está fazendo?

— Nada. Descansando. Fumando um cigarro.

— Ah, isso não é bom, amiga. Cigarro mata, sabia? O mágico fumava quatro maços por dia... Acabou com os pulmões. Foi por isso que ele morreu... Por causa do cigarro. Promete que vai parar de fumar?... Promete?

— Prometo.

Isabel levantou e foi até a janela, fumar em paz. Não queria ouvir aquele papo chato de "fumar mata".

Apagou o primeiro cigarro no mármore encardido do batente da janela e acendeu outro. Merecia. Era uma vitoriosa. Deu uma longa e profunda tragada... e seu corpo foi jogado com violência contra um móvel.

O Preço do Consumo

A pancada na nuca foi violenta e a deixou tonta. Ouviu uma explosão ao longe. Sentiu uma ardência estranha perto do ombro esquerdo. Inclinou a cabeça. Estava sangrando! Havia um buraco em seu peito, de onde o sangue brotava. Borbulhava!

Joana apareceu. Isabel havia derrubado uma prateleira com jarros de vidro, feito um grande barulho, e ela saíra do quarto para ver... A cena era confusa. Isabel caída no chão, sangrando.

Joana gritava alguma coisa que Isabel não conseguia ouvir. Uma dor enlouquecedora tomava todo o seu corpo. O peito parecia querer explodir. Cada respiração era como uma facada nas costelas!

– Você tomou um tiro! Um TIRO! – gritava Joana, sem saber o que fazer.

– Vovó! Vovó! – a menina berrava, mas não podia encontrar Laura, dentro da mala, entre o sofá e a parede.

El truque de la mala

Laura não havia escutado nada.

Joana sabia que não podia perder tempo. Isabel estava desmaiada, o sangue escorrendo do buraco da bala. Lembrou que o vizinho ao lado era médico... ia saber o que fazer... Sua avó devia ter ido procurar ajuda.

O sangue jorrava forte demais. Joana apertou a mão sobre o buraco da bala, tentando estancar... Não podia tirar a mão dali... Arrastou Isabel até a porta, deixando um rastro de sangue pela sala... Continuou arrastando Isabel pelo corredor do prédio... O vento bateu a porta do apartamento...

– Sabe, Bel... você não vai acreditar... – Laura voltou a falar, pouco depois –, mas é como se eu fosse nascer de novo... quando eu sair daqui...

Sua voz saía muito fina.

– É uma sensação incrível! Depois entra nessa mala pra sentir! É como se a vida da gente se desenrolasse... É como um filme...

Entre uma fala e outra passavam-se longos segundos, em que se ouvia a respiração de Laura cada vez mais profunda e lenta:

– Eu levei uma vida tão maluca... Você acredita que eu já fui **comunista**? É... Comunista... Lutei contra os patrões!... Contra o capitalismo! E olha onde eu fui parar.

...

– Minha neta tem razão. Pra que tanta dignidade, me diz? O que eu ganhei com isso?... O negócio é consumir! Comprar as coisas!... Que se dane o que a gente tem que fazer pra conseguir isso! O que interessa é ganhar dinheiro!... Comprar as coisas! Viver! Ah... quando eu sair daqui de dentro dessa mala, a Joana vai ver!... Vamos num *shopping* botar pra quebrar! Ainda se usa essa gíria, Bel? "Botar pra quebrar"?

...

– Promete mesmo... que vai parar de fumar?

...

– Bel...

...

– Bel?

...

– *Bel?!*

Karl Marx (1818-1883) definiu o **comunismo** como uma forma de organização econômica e social baseada na propriedade comum dos meios de produção (fim da propriedade privada e da divisão entre "patrões" e "empregados") e na igual distribuição das riquezas. O ideal do comunismo é uma sociedade sem classes.

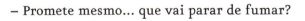

103

CIDADE E CONVIVÊNCIA

"*O vigia na guarita fortificada é novo no serviço, e tem obrigação de me barrar no condomínio. Pergunta meu nome e destino, observando meus sapatos. Interfona para a casa 16 e diz que há um cidadão dizendo que é irmão da dona da casa. (...) O portão de grades de ferro verde e argolões dourados abre-se aos pequenos trancos, como que relutando em me dar passagem. (...) A casa 16, no final do condomínio, tem outro interfone, outro portão eletrônico e dois seguranças armados. Os cães ladram em coro e param de ladrar de estalo. (...)*"

O trecho acima transmite o desconforto do protagonista do romance *Estorvo* (1991), de Chico Buarque, ao realizar uma atividade tão simples quanto visitar a própria irmã. Grades, muros, seguranças armados, exigências de identificação, interfones, câmeras, cães de guarda... Condomínios fechados, *shoppings* fechados, clubes fechados, ruas fechadas: bolsões criados pelo medo da violência e que passam a delinear uma geografia urbana baseada na **segregação**.

Uma das principais características do espaço público é permitir a convivência de pessoas diferentes, de gente do local com quem veio de longe. Nas cidades, a concentração demográfica força a aproximação – desde a Antiguidade, elas são locais de misturas culturais, de debate político, de trocas de experiências e de produtos. A modernidade valorizou a cidade como local fundamental para a realização de seus projetos de transformação e emancipação dos homens.

No entanto, cientistas sociais e urbanistas observam que, há tempos, o espaço da cidade vem perdendo seu caráter público: muito do que deveria ser de todos tem sido privatizado, passando a atender aos interesses de pequenos grupos. Em contrapartida, áreas que não são úteis para o mercado ficariam abandonadas. Essa "privatização" do espaço urbano pode ser notada em vários tipos de ação, normalmente ilegais: ruas que são fechadas e transformadas em vilas, estabelecimentos comerciais ou residências que são expandidos para as áreas de circulação, trechos de praia que são cercados etc. Há também usos privados de espaços públicos que não acontecem à revelia das leis. São legitimados pelo poder, mas que nem por isso deixam de prejudicar a vivência na cidade, como as ruas de comércio de luxo que são reformadas, recebem segurança ostensiva e têm rotas de ônibus ou de outros tipos de transporte popular desviadas. Tudo isso para atender aos interesses dos proprietários das lojas e não dos moradores de modo geral.

Outro caso é o da publicidade, que se espalha pela paisagem urbana: placas, faixas, letreiros, *outdoors*, distribuição de folhetos e bandeiras, entre outros expedientes publicitários, poluem

A RUA OSCAR FREIRE, EM SÃO PAULO, UMA DAS MAIS LUXUOSAS DO MUNDO, RECENTEMENTE PASSOU POR UMA REFORMA POLÊMICA, QUE BENEFICIOU APENAS PESSOAS DE GRANDE PODER AQUISITIVO.

visualmente as cidades e criam obstáculos à circulação.

Ultimamente, grandes fábricas têm sido fechadas ou vêm se mudando dos grandes centros urbanos para o interior, num processo conhecido como **desindustrialização**. Como consequência, muitas cidades começaram a se definir como centros de atividades financeiras, de consumo e de entretenimento, e algumas mudanças urbanas passariam cada vez mais a responder à lógica do "espetáculo". Uma dessas alterações no cenário das cidades é o fenômeno chamado de **gentrificação** ou **enobrecimento**, ações de poderes públicos e/ou econômicos que buscam revitalizar certas áreas para atrair grupos sociais de maior poder aquisitivo, o que, muitas vezes, representa a expulsão de habitantes de baixa renda que antes ocupavam a área.

Esse processo começou no centro das cidades, regiões degradadas, mais vulneráveis à criminalidade, transformadas em áreas empresariais ou de lazer para a classe média. A mesma coisa acontece nas periferias: há algumas décadas, muitos condomínios de luxo passaram a ser construídos em regiões distantes do centro, seguindo o modelo dos subúrbios ricos comuns em cidades norte-americanas. Dentro dos limites de seus muros, há todos os serviços: educação, lazer, consumo e até trabalho. Muitos jovens nascem e são criados dentro de condomínios, com pouquíssimo contato com o mundo externo.

Todos esses aspectos contribuiriam para um isolamento muito grande dos indivíduos, causando um impacto negativo ao princípio da **tolerância** no espaço urbano e ajudando a aumentar ainda mais o sentimento de medo e as taxas de criminalidade.

Apesar de tudo isso, muitos cidadãos encontram formas de resistir a se isolar e a se transformar em espectadores passivos de cidades transformadas em "espetáculos" para estimular o consumismo. As pessoas dão sentidos novos aos locais no uso que fazem deles em seu dia a dia. Assim, uma região que parece desolada quando olhada de fora, pode apresentar grande vitalidade para quem se embrenha nela. Muitas ações de moradores e frequentadores insistem em restituir o caráter verdadeiramente público de certas áreas. Como o velhinho que cuida da praça abandonada pelas autoridades, o grupo de artistas que realiza atividades culturais em locais sem opção de lazer ou a associação de moradores que reivindica a regulamentação de grandes redes de varejo para que não prejudiquem o pequeno comércio do bairro.

Observadas de perto, as cidades são cheias de pontos de encontro onde se compartilham informações e afetos e de locais nos quais a aproximação de grupos distintos gera conflitos, mas também promove associações e colaborações.

A VALORIZAÇÃO DAS MANIFESTAÇÕES CULTURAIS CRIA MUITAS OPORTUNIDADES E ESPAÇOS DE CONVIVÊNCIA NAS GRANDES CIDADES.

ESTAMOS CONSUMINDO O MEIO AMBIENTE

Notícias de crescimento nos índices de consumo costumam ser recebidas com entusiasmo por jornalistas e comentaristas econômicos, como sinais de prosperidade. Alguns ambientalistas e cientistas têm reação oposta: lamentam, pois acreditam que aumentar o nível de consumo causa danos cada vez mais irreversíveis ao planeta.

Você já deve ter ouvido falar bastante em buraco na camada de ozônio, **aquecimento global** e outros desequilíbrios que ameaçam a vida na Terra – todos resultados do uso não planejado dos recursos naturais. Principalmente a partir da Revolução Industrial, no século XVIII, a aceleração e o aumento da produção e do consumo demandaram uma exploração excessiva da natureza, sem dar o tempo necessário para que ela conseguisse se recompor.

Desde a segunda metade do século XIX se sabe que o **monóxido de carbono** e outros gases podem reter o calor atmosférico, o que leva ao aquecimento global. As consequências são catastróficas, como o degelo das calotas polares, o aumento do nível do mar e a desertificação de certas regiões. Mesmo assim, nada de efetivo foi feito para adaptar as questões econômicas às ameaças ambientais. Muito pelo contrário: a economia sempre ditou os modos de organização da produção, sem levar em conta o meio ambiente.

Tudo aquilo que consumimos utiliza energia em sua fabricação. A maior parte dessa energia é de origem fóssil, como o petróleo, altamente poluidor. Quando essas fontes se esgotarem, corremos o risco de colapso, com a falta de produtos básicos para a sobrevivência de uma população mundial que já ultrapassou 6 bilhões de pessoas. Além disso, depois de consumidos, os produtos viram lixo, outro grande problema ambiental.

Algumas entidades e empresas vêm se engajando em ações que ajudariam a amenizar os danos ao meio ambiente. Defendem que a **sustentabilidade** consiste em ações que permitiriam a continuidade da produção, desde que fossem tomadas medidas como o reflorestamento de áreas desmatadas, o plantio de árvores para repor o carbono utilizado na produção, o uso de matérias-primas alternativas e a reciclagem do lixo. Aos consumidores, caberia examinar a procedência dos produtos que adquirem, boicotando o que não fosse ecologicamente correto.

Muitos **ambientalistas** consideram essas ações apenas um paliativo utilizado para manter os mesmos níveis de produção e consumo – logo, o faturamento das empresas. Para eles, apenas plantar mais árvores e reciclar o lixo não resolve o problema nem impede o processo de destruição do planeta.

Um desenvolvimento verdadeiramente sustentável não teria o crescimento econômico como pressuposto, mas passaria pela desaceleração do tempo de trabalho para a redução drástica da produção e do consumo – o que implicaria uma mudança dos padrões de vida e da própria organização da economia mundial.

HÁ MUITOS GRUPOS ORGANIZADOS QUE DENUNCIAM OS ABUSOS DA SOCIEDADE DE CONSUMO, COMO OS QUE DEFENDEM OS DIREITOS DOS ANIMAIS. NA FOTO, MODELOS ARGENTINAS PROTESTAM CONTRA O USO DE PELES DE ANIMAIS PELA INDÚSTRIA DA MODA.

EM DEFESA DO CONSUMIDOR

A figura do consumidor como alguém que tem direitos e pode se manifestar começou a ser delineada no final do século XIX, nos Estados Unidos. Grupos se organizaram e pressionaram o Estado a intervir em casos de concorrência desleal ou de empresas cujos produtos ofereciam riscos à saúde, como alimentos adulterados e remédios ineficazes ou prejudiciais. Desde a década de 1930, muitas associações civis reclamam da falta de regulamentação sobre a produção e a comercialização de produtos e serviços. O movimento, que vincula a cidadania ao consumo, é chamado de **consumerismo** – tradução do termo original em inglês *consumerism*.

Essas ações influenciaram as políticas públicas norte-americanas, principalmente a partir dos anos 1960, com a aprovação de uma legislação mais rígida e a criação de agências reguladoras. A partir da década de 1980, o governo dos Estados Unidos se retirou dessas questões, mas o discurso consumerista permaneceu influente. As empresas não conseguem ignorá-lo: precisam manter mecanismos de diálogo com seus clientes, como os SACs (serviços de atendimento ao consumidor).

No Brasil, em função da industrialização e da formação tardias do mercado consumidor, o consumerismo começou a tomar corpo apenas na década de 1970. Associações não governamentais passaram a brigar, principalmente, pela regulamentação da publicidade e abriram campo para a criação de entidades governamentais, como o Procon, e não governamentais, como o Conar (Conselho Nacional de Autorregulamentação Publicitária) e o Idec (Instituto Brasileiro de Defesa do Consumidor).

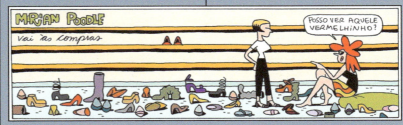

A PERSONAGEM MIRIAM POODLE, DO CARTUNISTA CACO GALHARDO, REPRESENTA UMA "PERUA" TÍPICA, QUE SÓ PENSA EM CONSUMIR E NÃO TEM A MENOR CONSCIÊNCIA DO MUNDO À SUA VOLTA.

O DESAFIO DA SIMPLICIDADE

Muitas ONGs e empresas dedicam-se a divulgar práticas de incentivo ao consumo consciente, atrelando-o a **preocupações ambientais**, de **saúde** e de **responsabilidade social**. A ideia central é que o consumidor deve ter um papel ativo: escolher apenas produtos de origem certificada com relação à preservação do meio ambiente; boicotar empresas que não atestem preocupações sociais; recusar mercadorias piratas ou falsificações; não consumir produtos que representem risco à saúde e evitar o consumo por impulso.

Identifica-se também o crescimento de uma tendência (será apenas um modismo?) que adota o anticonsumismo como estilo de vida. Na Europa e Estados Unidos, por exemplo, um movimento que prega a **simplicidade voluntária** vem ganhando cada vez mais seguidores – e já chegou ao Brasil. O objetivo é buscar satisfação com uma vida mais simples: trabalhar só o necessário, consumir menos e dedicar mais tempo a outras atividades – como o convívio com a família, a leitura, a música, a jardinagem, os estudos e os passeios que não envolvam gastos. Seus adeptos participam do *Buy Nothing Day* – o dia de não comprar nada – e incentivam o uso de transporte público em detrimento dos automóveis particulares, e a prática do escambo (troca) de objetos.

PROTESTOS GLOBALIZADOS

Três jovens invadem mansões luxuosas para mudar os móveis e objetos de lugar: empurram, empilham, bagunçam. Depois, espalham bilhetes com frases como "Seus dias de fartura estão contados" ou "Você tem mais dinheiro do que deveria ter!" e vão embora. É assim que o pequeno grupo, que se autointitula "os educadores", protesta contra a **desigualdade social** no filme alemão *Edukators* (2004), de Hans Weingartner.

Com formas originais de protesto que podem lembrar a dos "educadores" da ficção, militantes de vários perfis reúnem-se sob a designação geral de "movimentos antiglobalização", criada a partir da Ação Global dos Povos – uma aliança mundial de ajuda mútua para resistir ao mercado globalizado, fundada em 1998.

Na década de 1980, governos de vários países adotaram a tendência de abandonar as políticas de bem-estar social e de reduzir ao máximo as intervenções estatais na economia, para que o mercado pudesse atuar livremente. Serviços essenciais antes providos pelo Estado (saúde, educação, transporte, água, luz etc.) começaram a ser privatizados. A **globalização** ganhou força – pregava-se que, com a diminuição das barreiras de entrada e saída de capital nas nações, seria possível uma transferência gradual de riqueza dos países ricos para os pobres. Esse pensamento que dá base à organização do capitalismo atual é chamado de **neoliberalismo**.

Os movimentos organizados alegam que a promessa da globalização se realizou de modo contrário: observou-se que o fluxo de capital se intensificou no outro sentido, das nações pobres, endividadas, para as mais ricas, e a onda de privatização não garantiu o acesso amplo a serviços básicos que, em muitos países, só estão disponíveis a quem pode pagar. E são justamente as consequências dessa combinação neoliberalismo-globalização que os militantes – cada um a seu modo – criticam.

A "TORTADA" É UMA FORMA DE PROTESTO BEM-HUMORADA QUE TEM CONQUISTADO MUITOS ADEPTOS. NA FOTO, BILL GATES, UM DOS FUNDADORES DA MICROSOFT, RECEBE UMA TORTA DE CHANTILLY NA CARA ANTES DE FAZER UM DISCURSO.

DESDE 2001, O FÓRUM SOCIAL MUNDIAL REÚNE PERIODICAMENTE GRUPOS DE VÁRIOS PAÍSES QUE NÃO CONCORDAM COM AS PRÁTICAS NEOLIBERAIS.

O CINEMA CONTRA AS CORPORAÇÕES

Em 1936, Charles Chaplin lançou o filme *Tempos modernos*, criticando a desumanização do trabalho nas fábricas. Recentemente o cinema internacional insurge mais uma vez em crítica – agora não mais falando de fábricas e linhas de montagem, mas sim do mundo corporativo da economia pós-industrial globalizada.

O documentarista norte-americano Michael Moore, por exemplo, costuma criticar os abusos de poder dos grandes grupos empresariais em seus filmes, programas de TV e livros. Outro bom exemplo é o documentário canadense *A Corporação* (2003), de Jennifer Abbott e Mark Achbar, que traça um panorama crítico sobre a atuação corporativa no mundo contemporâneo.

Em *Super Size Me – A dieta do palhaço* (2004), o diretor Morgan Spurlock alimentou-se durante três meses exclusivamente com

DEPOIS DE PASSAR TRÊS MESES SE ALIMENTANDO DE *FAST-FOOD* PARA REALIZAR O DOCUMENTÁRIO *SUPER SIZE ME: A DIETA DO PALHAÇO*, O DIRETOR MORGAN SPURLOCK ENGORDOU 11 QUILOS E FICOU COM O FÍGADO PREJUDICADO.

itens do cardápio da rede McDonald's, para provar que as lanchonetes de *fast-food* representam um problema de saúde pública.

Obrigado por fumar (2006), de Jason Reitman, baseado no romance homônimo de Christopher Buckley, tem como protagonista um lobista da indústria de tabaco, que manipula questões que põem em risco a vida de muitas pessoas em benefício de seus patrões. O trabalho nos meios corporativos é ainda tema de muitos outros filmes como *O corte* (2005), de Costa-Gavras; *O que você faria?* (2006), de Marcelo Piñeyro, e *O Grande Chefe* (2007), de Lars von Trier, além da série de televisão britânica *The Office* (2001).

EM DOCUMENTÁRIOS COMO *SICKO – SOS SAÚDE*, *TIROS EM COLUMBINE* E *ROGER & EU*, O NORTE-AMERICANO MICHAEL MOORE CRITICA O GOVERNO E AS GRANDES CORPORAÇÕES DE SEU PAÍS.

OBRIGADO POR FUMAR CONTA A HISTÓRIA DE UM LOBISTA DAS INDÚSTRIAS DE TABACO. ENTRE SUAS FUNÇÕES, ESTÁ A DE MENTIR PARA JORNALISTAS QUANDO SÃO DIVULGADOS DADOS SOBRE OS EFEITOS NOCIVOS DO CIGARRO.

DIRIGIDO PELO DINAMARQUÊS LARS VON TRIER, O FILME *O GRANDE CHEFE* MOSTRA AS TRAPALHADAS DE UM DONO DE EMPRESA QUE ABUSA DE SEUS FUNCIONÁRIOS, MAS TENTA SE PASSAR POR BONZINHO.

ÍNDICE REMISSIVO

Cidade
desindustrialização, 105
enobrecimento, 105
favela, 15
gentrificação, 105
periferia, 36, 83
shopping center, 33
subúrbio, 36
vizinhança, 33, 104

Comportamento
adultização da infância, 84
cosplayers, 85
hippies, 85
infantilização dos adultos, 84
isolamento, 57
pasokon otaku, 57
piercing, 11
punks, 85
simplicidade voluntária, 107
tribos urbanas, 85

Comunicação e publicidade
antíteses, 53
autorregulamentação, 54
assessor de imprensa, 19
branding, 58
campanha, 45, 89
comercial televisivo, 12
consumo étnico, 31
consumo comunitário, 31
estereótipos, 53
ideais, 20
imagem, 89
logomarca, 58
linguagem, 24
mercado, 26, 28, 41
marketing, 8, 28, 84
merchandising, 9, 55
outdoor, 40
obsolescência, 28
persuasão, 52, 62
promoção, 42
propaganda, 19, 52
propaganda subliminar, 22
publicidade, 19
relações públicas, 23
segmentação, 83, 85
simulacro, 53
testemunhal, 52
vendas conexas, 66
vitrines, 14

Consciência
ambientalistas, 104, 107
aquecimento global, 106
consumerismo, 107

defesa do consumidor, 107
ética, 78
responsabilidade social, 107
sustentabilidade, 106

Cultura
Arte *Pop*, 54
arte pura, 23
Belle Époque, 14
cinema, 29, 55, 82, 108, 109
contracultura, 85
cultura popular, 32
cultura erudita, 32
cultura de massa, 32
estilo, 83
funk, 83
hip-hop, 83
indústria cultural, 32
mambembe, 74
moda, 82, 83
rap, 83
revistas de fofoca, 24

Evolução do capitalismo
Ação Global dos Povos, 108
cartéis, 27
cidade, 27
comunismo, 103
desenvolvimento do capitalismo, 26, 27, 28
divisão internacional do trabalho, 27
Doutrina Monroe, 27
globalização, 108
Guerra Fria, 31
neoliberalismo, 27, 108
países desenvolvidos e subdesenvolvidos, 27
Revolução Industrial, 26, 27
Segunda Guerra Mundial, 31
supermercados, 28
trustes, 27

Personalidades
Chacrinha, 70
Cocteau, Jean, 82
Costa, Fernando Braga da, 81
Freud, Sigmund, 46
Gonçalves Filho, José Moura, 81
Hamilton, Richard, 54
Lichtenstein, Roy, 54
Kennedy, John F., 63
Marx, Karl, 103
Pavlov, Ivan, 47
Sex Pistols, 85

Warhol, Andy, 54
Yunus, Muhammad, 37

Psicologia e saúde
anorexia, 80
antidepressivos, 88
bulimia, 80
depressão, 81
impulso, 79
inconsciente, 46
obesidade, 80
oneomania, 80
serotonina, 88
vigorexia, 80

Sociedade de consumo
biscate, 96
circuito produtivo, 30
classe média, 46
corporações, 109
desigualdade social, 30, 108
distinção social, 82
economia informal, 69
emprego, 69
estigma social, 81
exclusão, 30
lucro, 23
luxo, 29
magnata, 14
microcrédito, 37
segregação, 104
status, 47, 82
supérfluo, 29, 65
valor simbólico, 29
valores elitistas, 79

Tecnologia
comércio *on-line*, 33
internet, 57
LCD, 63
Second Life, 33

Televisão
alienação, 55
audiência, 74
dramaturgia, 9
garotas-propaganda, 55
horário nobre, 40
produção, 42
programas de auditório, 70
protagonista, 22
reality shows, 55, 56
script, 37
zapping, 55

PARA SABER MAIS

Entidades de defesa dos direitos do consumidor

Idec – Instituto Brasileiro de Defesa do Consumidor
www.idec.org.br
Entidade civil e sem fins lucrativos que atua desde 1987 na defesa dos direitos do consumidor.

Fundação Procon-SP www.procon.sp.gov
Órgão vinculado ao Governo do Estado de São Paulo que recebe reclamações de consumidores, orienta encaminhamentos judiciais e fiscaliza o cumprimento do Código de Defesa do Consumidor, além de promover campanhas educativas. Os demais estados e alguns municípios brasileiros possuem Procons regionais.

Conar – Conselho Nacional de Autorregulamentação Publicitária www.conar.org.br
Entidade que acompanha a atividade publicitária no Brasil, mantida por agências de publicidade, empresas anunciantes e veículos de comunicação.

Organizações que questionam o consumismo

Ação Global dos Povos
www.nadir.org/nadir/initiativ/agp/pt
Organização de ajuda mútua dos movimentos internacionais que pregam a resistência ao mercado globalizado. Em inglês.

Criança e consumo www.criancaeconsumo.org.br
Projeto do Instituto Alana, voltado ao estudo das práticas de consumo infantil. Promove debates e realiza campanhas e ações de combate ao *marketing* agressivo direcionado às crianças.

Greenpeace
www.greenpeace.org.br/consumidores
Uma das mais importantes organizações ambientais do mundo, o Greenpeace mantém um serviço de informação aos consumidores sobre produtos que utilizam plantas transgênicas.

PETA – People for the Ethical Treatment of Animals www.peta.org
Pessoas pelo Tratamento Ético dos Animais é uma organização internacional que faz campanhas, manifestações e denuncia empresas e produtos que causam maus-tratos a animais.

Slow Food Brasil www.slowfoodbrasil.com
Braço brasileiro da associação internacional que defende formas de alimentação mais conscientes e saudáveis – tanto para os indivíduos quanto para as sociedades.

Verdurada www.verdurada.org
Coletivo que organiza o evento com mesmo nome realizado bimestralmente em São Paulo, sem o patrocínio de grandes empresas e sem divulgação paga na mídia. Mistura *show* de *hardcore*, palestras de temas políticos, oficinas e feira de produtos naturais.

CRÉDITOS DAS IMAGENS

Legenda
a – no alto
b – abaixo
c – no centro
d – à direita
e – à esquerda

11: Mousiekm/Flickr.com
14: Dreamer7112/Flickr.com
15: Oscar Cabral/Editora Abril
19: TdLu/Flickr.com
24: Reprodução
26: Corbis
27a: Reprodução/Editora Abril
27b: Divulgação
28: Lia Lubambo/Editora Abril
29: Divulgação
31: Agliberto Lima/AE
32: Frederic Jean/Editora Abril
33a: www.secondlife.com
33b: Alex Silva/AE
37: Reprodução

40: Marcos Perón/KINO
42: Studio/Flickr.com
46: www.multiart.at
47: http://cache.eb.com
52: Robert Landau/Corbis
53a: Memória Abril
53b: Divulgação
54: http://facweb.cs.depaul.edu
55a: Divulgação
55b: Divulgação
56a: Divulgação
56b: Reprodução
58: Caio Guatelli/Folha Imagem
59: Reprodução
63: www.joelventresca.com
69: J.L. Bulcão/Editora Abril
70: Pedro Martinelli/Editora Abril
74: www.vilaesperanca.org
80: Hans Nelman/Corbis
81a: Susanne Borges/Corbis
81b: Márcio Fernandes/Folha Imagem
82c: Divulgação/Fox Pictures

82e: Eugene Garcia/Orange County Register/Corbis
82d: Ayrton Vignola/Folha Imagem
83: Lalo de Almeida/Editora Abril
84a: Jen44/Flickr.com
84b: Porcelaingirl/Flickr.com
85ea: Keystone/Getty Images
85eb: Gideon Mendel/Corbis
85c: Divulgação
85d: Lawrence Manning/Corbis
103: Reprodução
104: Fernando Moraes/Editora Abril
105: Julio Soares/Divulgação
106: Juan Mabromata/AFP
107: Caco Galhardo/Folha Imagem
108a: AFP
108b: Jorge Araujo/Folha Imagem
109a: Árni Torfason/Flickr.com
109be: www.farandwide.com
109bc: Divulgação
109bd: Divulgação

Quem são os autores?

O carioca **Ivan Jaf** nasceu em 1957 e estudou Comunicação e Filosofia nos anos 1970, na Universidade Federal do Rio de Janeiro (UFRJ). Tem mais de 40 livros publicados, algumas peças de teatro encenadas e muitos prêmios. No currículo, há ainda roteiros para cinema e histórias de terror em quadrinhos.

Ivan passou alguns anos viajando pela Europa e pela América Latina e hoje mora em Santa Teresa, um bairro do Rio de Janeiro. Na história de Laura e Joana, Ivan levantou muitas questões, como ele mesmo explica: "Até onde vamos para garantir nosso padrão de vida e consumo? Até que ponto aceitamos nos submeter? O que fazer para não ser considerado supérfluo, quando o reconhecimento social é dado através do que se pode comprar? A ética atrapalha os negócios? Como evitar ter o mesmo destino de uma lata de refrigerante quando formos considerados inúteis?".

Paulista de Ribeirão Preto, **Daniela Palma** nasceu em 1972 e vive na cidade de São Paulo. É formada em Jornalismo e faz doutorado em Comunicação Social. Daniela é professora universitária, pesquisadora e, de vez em quando, trabalha como editora.

Tem uma filha com o mesmo nome da personagem do livro, Laura, a quem procura ensinar que há várias formas de viver – e que o barato da vida é justamente esse.

Ao escrever este livro, sua preocupação foi a de mostrar que nada deve ser visto sem olhar crítico. Coisas corriqueiras do nosso cotidiano, como o ato de consumir, sempre podem ser vistas com certo distanciamento e espírito questionador. Assim como coisas que, à primeira vista, nos parecem muito esquisitas podem nos ensinar muito sobre a gente mesmo, se olhadas com atenção e sem preconceitos.

Suplemento de Leitura

O Preço do Consumo

Ivan Jaf/Daniela Palma

Nome _____
Ano _____ Turma _____
Escola _____ Professor(a) _____

Nas sociedades atuais, as pessoas nunca param de comprar: tênis, CD, roupa, inovações tecnológicas... Anunciam-se coisas a todo instante: no rádio, na tevê, na revista, na rua, no ônibus, no dentista... Joana é uma adolescente como você. Se sua avó Laura aceitar fazer merchandising de um produto, ganhará muito dinheiro, e Joana terá a chance de comprar tudo o que sempre quis. Mas Laura não está disposta a abrir mão de sua dignidade, e isso acaba criando um conflito entre avó e neta. Vamos refletir um pouco sobre isso?

I. PESSOAS QUE CONSOMEM

1. O narrador nos revela diversas características de Laura, Joana e Isabel. Identifique cada personagem.

(_____) Executiva de uma empresa de comunicação.

(_____) Trabalhou em um circo quando era criança.

(_____) Foi atingida por uma bala perdida.

(_____) Causou boa impressão com a maneira de se vestir.

(_____) Achava que seria mais feliz se ganhasse um *iPod*.

(_____) Era bastante preocupada com o sucesso e em agradar seu chefe.

(_____) Queria ter as mesmas coisas que as amigas tinham.

2. Isabel tem medo de perder o emprego? Busque no texto trechos que justifiquem sua resposta.

_____
_____
_____
_____
_____
_____
_____
_____
_____
_____
_____
_____
_____
_____
_____
_____

3. E Laura? Busca ter prestígio em sua carreira de atriz? Justifique sua resposta com trechos do texto.

_____
_____
_____
_____
_____
_____
_____
_____

4. Com que personagem você mais se identificou? Por quê?

_____
_____
_____
_____
_____
_____
_____
_____
_____

5. Isabel visita Laura para fazer uma proposta que pode render muito dinheiro à atriz.

Marque V nas alternativas verdadeiras e F nas falsas.

( ) Isabel quer que Laura faça _merchandising_ para uma marca de malas.

( ) Laura terá que ficar acorrentada dentro de uma mala durante a novela.

( ) Laura aceita a proposta imediatamente.

( ) Isabel sabe que Laura trabalhou num circo quando era criança.

( ) Joana apoia a decisão da avó de não entrar na mala.

( ) Dar um futuro melhor para Joana é uma das razões para Laura aceitar a proposta de Isabel.

6. Laura precisa entrar na mala, pois esse gesto faz parte de uma campanha publicitária para aumentar as vendas do produto.

a) Você considera razoáveis os argumentos nos quais se baseia a campanha? Explique sua resposta.

_____
_____
_____
_____
_____
_____
_____

b) Você se lembra de ter comprado algo que depois o deixou frustrado? Você ficou decepcionado com a publicidade do produto? Conte sua experiência.

_____
_____
_____
_____
_____
_____
_____